뭉작가의 아이패드로 누구나 쉽게 시작하는 드로잉

프로크리에이트로 나만의 따뜻한 감성 일러스트 그리기

프로크리에이트로 나만의 따뜻한 감성 일러스트 그리기

뭉작가의

아이패드로 누구나 쉽게 시작하는 드로잉

이은지 지음

저자 유튜브
강의 영상
QR코드 제공

BJPUBLIC

디지털 페인팅의 진화

아이패드는 빠르게 보급되어 그림 그리는 도구로 주목받기 시작하였습니다. 아이패드 프로와 애플펜슬, 그리고 프로크리에이트 앱이 출시되었습니다. 그전까지 대부분의 디지털 페인팅은 PC에 타블렛 패드를 연결하여 작업하는 방식이었습니다. 태블릿PC는 타블렛 기기의 표현력을 따라잡을 수 없지만 수작업의 느낌을 완성도 높게 표현했습니다. 특히 앱을 통해 다양한 종류의 브러시를 제공하기 때문에 초보자들도 쉽게 그림을 그릴 수 있습니다.

수작업을 할 때는 4B 연필, 지우개, 물감, 팔레트, 물통 등 여러 준비물이 필요합니다. 기존의 디지털 페인팅 방식 또한 PC와 타블렛 패드를 구비해야 합니다. 하지만 아이패드는 펜슬만 있으면 지하철이든 카페든 드로잉이 자유롭습니다. 과제가 많은 학생이나 바쁜 직장인도 언제 어디서나 그림을 그릴 수 있습니다. 현업에서 활동하는 작가들도 아이패드를 많이 활용합니다.

QR코드 영상 강의와 함께 쉽게 프로크리에이트 시작하기

프로크리에이트를 처음 시작하시는 분들과 프로크리에이트의 기능들을 학습하시려는 분들께 쉬운 안내서를 만들기 위해 고민했습니다. 이 책에서는 프로크리에이트의 기능을 설명했습니다. 더 나아가 드로잉 초보자를 위한 내용도 수록했기 때문에 영상이 가장 좋은 방안이었습니다. 예제와 같이 제공되는 QR코드 영상 강의는 독자분들께 좋은 길잡이가 될 것입니다.

THANKS TO

책 디자인 작업에 협조해주신 차현지 님, 영상 강의 편집과 디자인에 도움을 주신 고병문 님께 깊은 감사의 말씀을 전합니다. 그리고 항상 응원해주는 가족들, 뭉작가의 미술집 수강생 여러분, 책을 만드는 데 애써 주신 분들께 진심으로 감사드립니다.

앞으로도 좋은 그림과 충실한 수업으로 인사드리겠습니다.

저자 소개

이은지 (뭉작가)

건국대학교 공예과 졸업
뭉작가의 미술집 대표
일러스트레이터 '뭉'으로 활동
일러스트레이터 양성 화실 '뭉작가의 미술집' 개원
에듀캐스트 뭉작가의 아이패드 클래스 인물화 온라인 강의
구글 행아웃 실시간 온라인 강의 운영

- 홈페이지 http://www.moongmisoolzip.com
- 이메일 art9168@naver.com
- 인스타그램 https://www.instagram.com/colormoong
- 네이버 카페 https://cafe.naver.com/moongmisoolzip

뭉작가님의 스타일이 잘 담긴 친절한 책입니다. 기본 기능 설명도 정말 꼼꼼하게 집대성되어 있습니다. 이 책은 한 번 읽고 끝나는 것이 아니라 필요할 때 기능들을 찾아보기도 정말 좋았어요! 그리고 유료 앱인 만큼 그 가격의 가치를 다 하도록 쓰는 것이 중요하다고 생각하는데 프로크리에이트의 다양한 기능들을 정말 알차게 쓸 수 있다는 점이 정말 좋습니다. 영상과 함께 다양한 스타일의 예제를 따라 하신다면 프로크리에이트 초급 마스터가 되어있는 자신을 볼 수 있을 것이라고 생각합니다!

양희경

I. 아이패드는 어떤 모델을 구입해야 할까요?

아이패드는 사양과 가격대별로 종류가 다양합니다. 그래서 고민하시는 분들이 많습니다. 가장 비싼 제품을 구입하기보다 먼저 사용할 용도를 정확하게 파악해야 합니다. 필자는 사실적 묘사와 퀄리티 높은 그림 작업, 동영상 편집을 주로 하기 때문에 디스플레이가 크고 고사양의 제품인 iPad Pro 12.9인치를 구입했습니다. 간단한 스케치가 목적이라면 휴대성에 좀 더 초점을 맞춰 11인치 이하의 작고 가벼운 모델을 사용합니다. 그리고 동영상과 같이 크기가 큰 파일들을 다루지 않는다면 적은 용량으로도 가능합니다.

2. 아이패드 드로잉에 필요한 액세서리

- **애플펜슬**: 펜슬은 1세대와 2세대로 나뉩니다. 반드시 자신이 사용할 아이패드와 호환이 되는 모델을 구입해야 합니다. 애플펜슬과 더불어 실리콘 커버를 사용할 경우는 그림을 그릴 때 미끄럼 방지에 큰 도움이 됩니다. 가벼운 사용감을 원하시는 분들은 실리콘 커버 없이 사용합니다.

- **케이스**: 장시간 그림을 그리다보면 목이나 어깨가 아픈 경우가 있습니다. 케이스만 잘 구매해도 자신에게 맞는 편한 각도로 설정할 수 있습니다. 케이스의 종류를 다양하게 판매하고 있으니 자신에게 맞는 제품을 사용해보세요.

- **필름**: 필름은 무광, 유광, 그리고 스케치 필름(종이 질감 필름)으로 나뉩니다. 유광 제품은 화질이 선명하게 보이는 장점이 있으나 빛이 반사되는 단점이 있습니다. 무광 제품은 빛 반사를 차단한 제품입니다. 드로잉을 위한 목적으로 만들어진 필름이 스케치 필름입니다. 스케치 필름은 도화지에 그리는 느낌처럼 구현할 수 있어서 매우 편리한 제품입니다. 유광의 경우는 펜슬이 미끄러지면서 속도감 있게 채색되어 불편할 수 있습니다. 스케치 필름의 거친 표면으로 속도가 약간 느리게 채색되어 직접 도화지에 그리는 듯한 효과가 있습니다. 스케치 필름의 단점은 펜슬 팁이 다른 필름 제품들보다 빨리 닳아 교체해야 한다는 것입니다. 하지만 브러시의 필압에 익숙해지면 팁을 사용하는 기간이 늘어나니 걱정하지 마세요.

- **펜슬 팁**: 애플펜슬을 사용하다보면 처음에는 펜슬의 필압이 익숙지 않아서 세게 힘을 주기 때문에 빨리 닳을 수 있습니다 하지만 사용하면서 점점 익숙해지면 팁을 사용하는 기간이 늘어납니다. 펜슬 팁은 4개 단위로 판매하며 교체 방법은 어렵지 않습니다.

펜슬 끝 부분을 반시계 방향으로 돌려 사용하던 펜슬 팁을 제거하고 교체할 펜슬 팁을 시계방향으로 돌려 고정합니다.

3. 프로크리에이트를 지원하는 아이패드

- 12.9인치 iPad Pro (1, 2, 3, 4세대)
- 11인치 iPad Pro
- 10.5인치 iPad Pro
- 9.7인치 iPad Pro
- iPad (5, 6, 7세대)
- iPad mini (5세대)
- iPad Air (3세대)

4. 프로크리에이트 설치하기

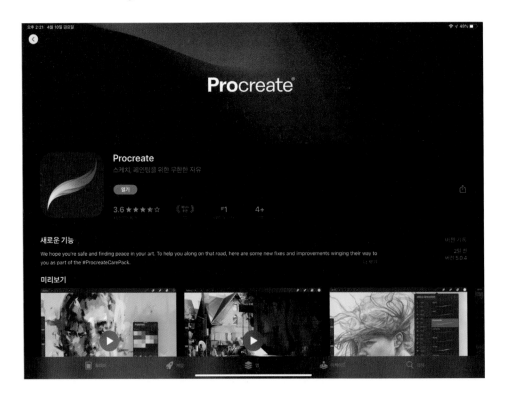

프로크리에이트 앱은 처음 설치할 때 구매하면 추가 비용이 발생하지 않습니다. 앱스토어에서 '프로크리에이트'를 검색하면 바로 찾을 수 있습니다. 프로크리에이트는 빠른 작업 처리 속도와 직관적인 인터페이스가 큰 장점입니다.

자주
사용하는
꿀팁

이 책을 시작하기 전에 설정해야 할 꿀팁입니다. 제스처 제어와 브러시 속성값을 변경하여 사용합니다. 꿀팁! 설정 꼭! 변경해 놓으시고 학습을 시작하세요!

I. 나만의 브러시 폴더 만들기

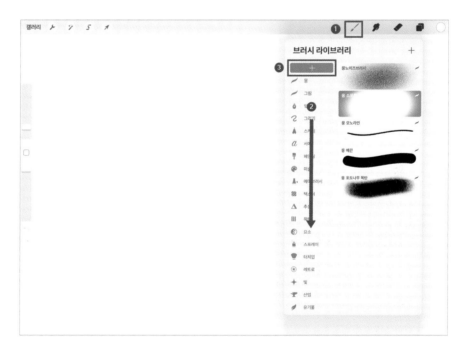

01   브러시 아이콘을 터치한 뒤 오른쪽 폴더란을 아래로 당기고 상단의 +를 터치해주세요.

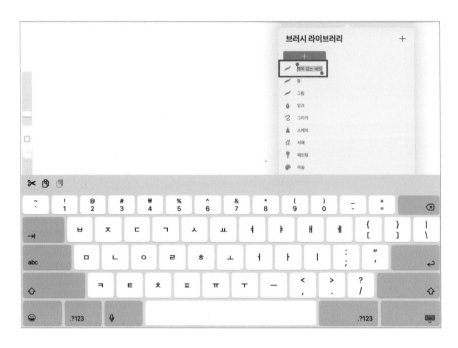

02 원하는 폴더명을 입력해주세요. 필자는 '뭉'으로 입력하겠습니다.

2. 노이즈 브러시의 속성값을 변경하여 뭉 노이즈 브러시로 저장하기

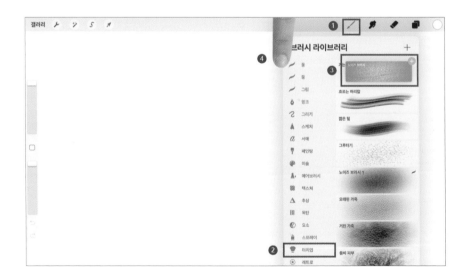

01 **브러시 - 터치업 - 노이즈 브러시**를 길게 터치한 상태에서 뭉 폴더를 한 손가락으로 터치하면 뭉 폴더로 노이즈 브러시가 복제됩니다.

02 브러시 – 뭉– 노이즈 브러시를 터치하면 브러시 스튜디오가 실행됩니다.

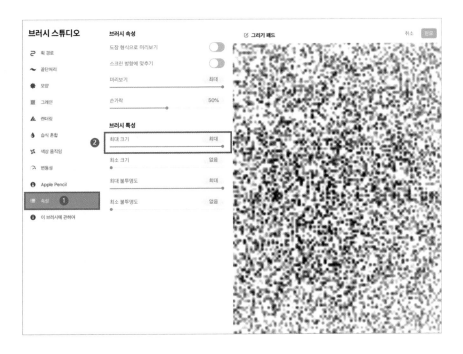

03 브러시 스튜디오 – 속성 – 브러시 특성 – 최대 크기를 최대로 슬라이드하여 설정해주세요.

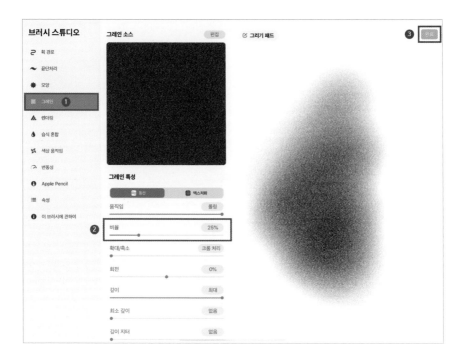

04   브러시 스튜디오 – 그레인 – 비율을 왼쪽으로 슬라이드하여 25%로 설정해주세요.

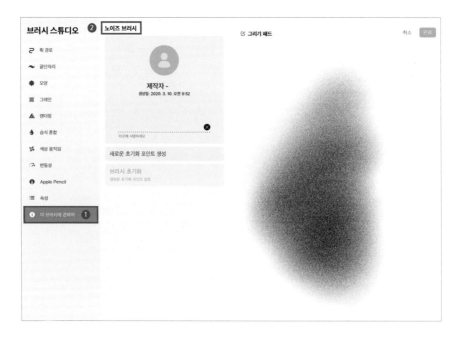

05   이 브러시에 관하여 – 노이즈 브러시를 터치해주세요.

06   브러시 이름을 '뭉 노이즈'로 입력한 후 완료를 터치해주세요.

3. 소프트 에어브러시의 속성값을 변경하여 뭉 소프트 에어브러시로 저장하기

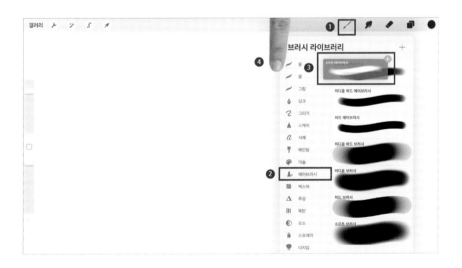

01   브러시 - 에어브러시 - 소프트 에어브러시를 길게 터치한 상태에서 뭉 폴더를 한 손가락
으로 터치하면 뭉 폴더로 소프트 에어브러시가 복제됩니다.

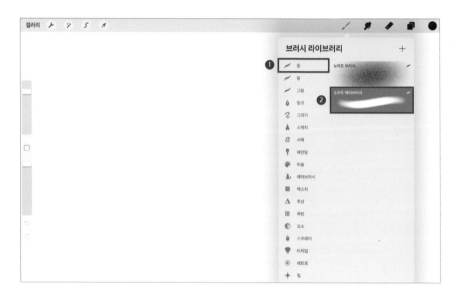

02 브러시 - 뭉 - 소프트 에어브러시를 터치하면 브러시 스튜디오가 실행됩니다.

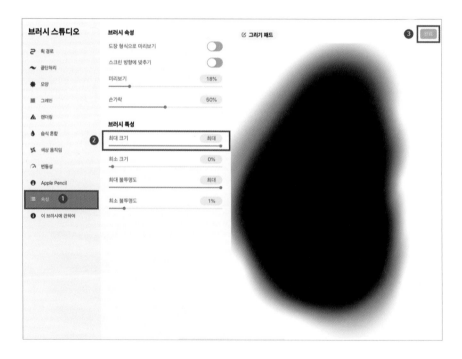

03 브러시 스튜디오 - 속성 - 브러시 특성 - 최대 크기를 오른쪽으로 슬라이드하여 최대로 설
정해주세요.

04   이 브러시에 관하여 – 소프트 에어브러시를 터치해주세요.

05   브러시 이름을 '뭉 소프트 에어브러시'로 입력한 후 완료를 터치해주세요.

4. 모노라인의 속성값을 변경하여 뭉 모노라인으로 저장하기

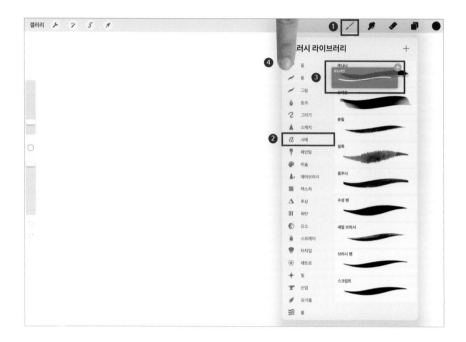

01 브러시 – 서예 – 모노라인을 길게 터치한 상태에서 뭉 폴더를 한 손가락으로 터치하면 뭉 폴더로 모노라인이 복제됩니다.

02 브러시 – 뭉 – 모노라인을 터치하면 브러시 스튜디오가 실행됩니다.

03 **속성 – 최대 크기**를 오른쪽으로 슬라이드하여 최대로 설정해주세요. **최소 크기**를 왼쪽으로 슬라이드하여 없음으로 설정해주세요.

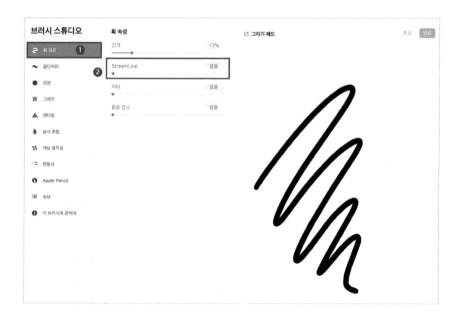

04 **획 경로 – StreamLine**을 왼쪽으로 슬라이드하여 없음으로 설정해주세요.

05   **이 브러시에 관하여 – 모노라인**을 터치하여 '뭉 모노라인'으로 입력한 후 완료를 터치해 주세요.

5. 포도나무 목탄의 속성값을 변경하여 뭉 포도나무 목탄으로 저장하기

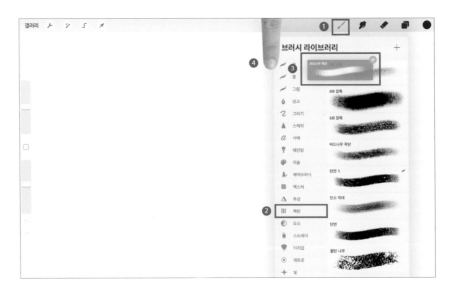

01   **브러시 – 목탄 – 포도나무 목탄**을 길게 터치한 상태에서 뭉 폴더를 한 손가락으로 터치 하면 뭉 폴더로 포도나무 목탄이 복제됩니다.

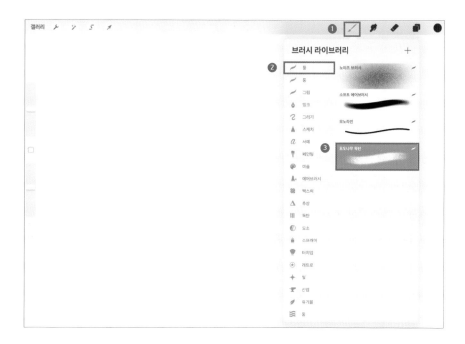

02 브러시 – 뭉 – **포도나무 목탄**을 터치하면 브러시 스튜디오가 실행됩니다.

03 브러시 스튜디오 – 속성 – 브러시 특성 – **최대 크기**를 오른쪽으로 슬라이드하여 최대로 설
정해주세요.

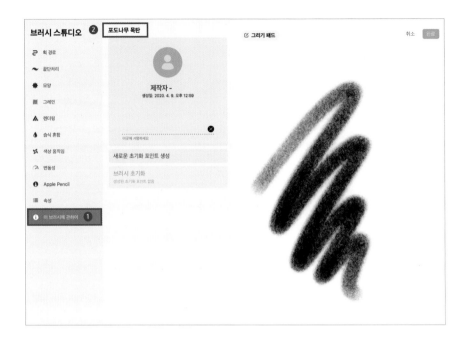

04 이 브러시에 관하여 – 포도나무 목탄을 터치해주세요.

05 브러시 이름을 '뭉 포도나무 목탄'으로 입력한 후 완료를 터치해주세요.

6. 유용한 제스처 제어 변경하기

01   동작 – 설정 – 제스처 제어를 터치해주세요.

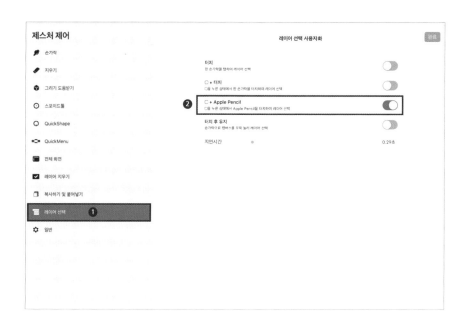

02   레이어 선택 – □ + Apple Pencil을 활성화시켜주세요.

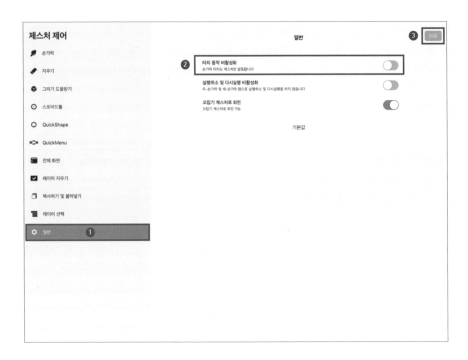

03 　**일반 – 터치 동작 비활성화**를 활성화시켜주신 후 완료를 터치해주세요.

TIP　그림을 그리다 보면 손바닥으로 캔버스를 터치하여 채색이 되는 경우가 있습니다. 원하지 않는 터치 동작으로 인한 채색을 방지하기 위해 터치 동작 비활성화 옵션을 선택하면 손가락 터치를 제스처 제어로 제한할 수 있습니다.

목차

CHAPTER

1

**프로크리에이트
기본기 마스터**

01 프로크리에이트 기본 기능 익히기

02 제스처 제어 핵심 정리

CHAPTER

2

프로크리에이트 메뉴바 익히기

01 프로크리에이트 메뉴바 - 동작

02 프로크리에이트 메뉴바 - 조정

프로크리에이트

기 본 기

마 스 터

·

CHAPTER

1

CHAPTER

1

01

프로크리에이트 기본 기능 익히기

프로크리에이트의 시작 화면의 기능을 익힙니다. 파일의 공유, 복제, 삭제, 스택 만들기, 새로운 캔버스 제작하기, 미리보기 기능을 차근차근 진행해봅시다.

프로크리에이트의 시작 화면 살펴보기

다음은 프로크리에이트를 실행하면 보이는 화면으로 파일을 열거나 새로운 파일을 만들고 작업 영역으로 이동할 수 있는 기본 화면입니다.

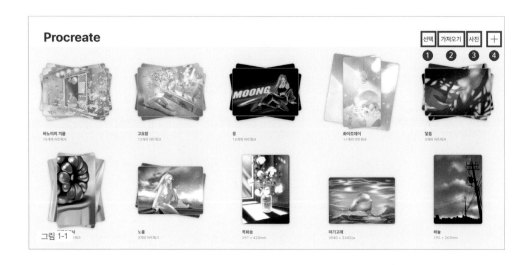

그림 1-1

❶ **선택** : 파일을 선택하여 스택, 미리보기, 공유, 복제, 삭제를 할 수 있습니다.

❷ **가져오기** : 파일 앱을 통해 특정 위치의 파일을 선택하여 가져올 수 있습니다.

❸ **사진** : 사진 앱을 통해 파일을 가져올 수 있습니다.

❹ **+** : 새로운 캔버스의 크기, 색상, 해상도를 설정하여 사용자가 원하는 형태의 도큐먼트를
선택하는 방식으로 만들 수 있습니다.

파일 공유, 복제, 삭제하기

원하는 파일을 왼쪽으로 당겨 공유, 복제, 삭제를 실행할 수 있습니다.

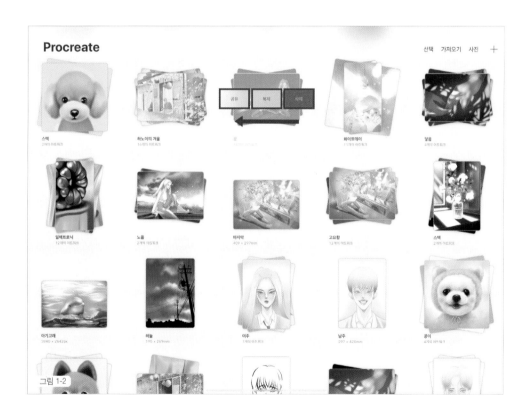

그림 1-2

선택된 아트워크 공유, 복제, 삭제하기

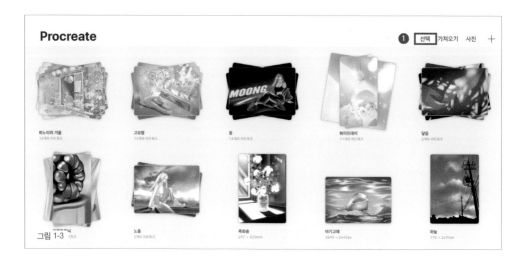

우측 상단의 선택 메뉴를 터치하면 여러 개의 '다중 선택' 모드가 됩니다. 하나 이상의 캔버스를 동시에 선택하여 공유하거나 삭제할 수 있습니다. 선택된 아트워크는 파란색 바탕에 흰색 체크 표시로 나타납니다.

다수의 아트워크가 선택되면 '공유' '복제' '삭제' 메뉴가 활성화됩니다.

아트워크 이름 바꾸기

이름 변경은 아트워크가 다양해질수록 필수 기능이 될 것입니다. 파일의 제목 부분을 터치하면 키보드 입력 상태로 전환되고 원하는 이름으로 타이핑하여 아트워크의 이름을 변경할 수 있습니다. 이때 타이핑하기 전에는 기본적으로 '제목 없는 아트워크'로 입력되어 있습니다.

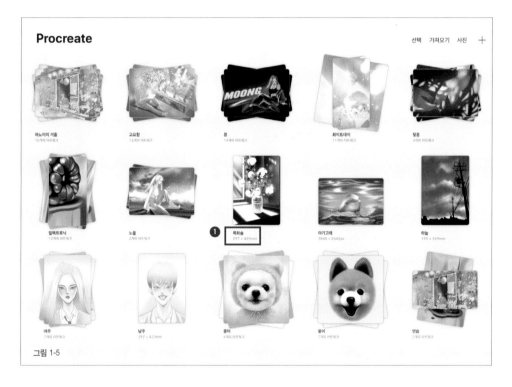

그림 1-5

아트워크 섬네일 하단의 제목을 터치합니다.

그림 1-6

키보드가 실행되면 원하는 파일명을 입력한 후 엔터를 터치합니다.

스택 만들기

아트워크 그룹화는 프로크리에이트 갤러리의 훌륭한 기능 중 하나입니다. 갤러리 스택으로 여러 아트워크를 묶어 두면 이동이 쉽습니다. 이뿐만 아니라 여러 개의 섬네일이 층층이 쌓인 형태로 나타나기 때문에 쉽게 구분할 수 있습니다.

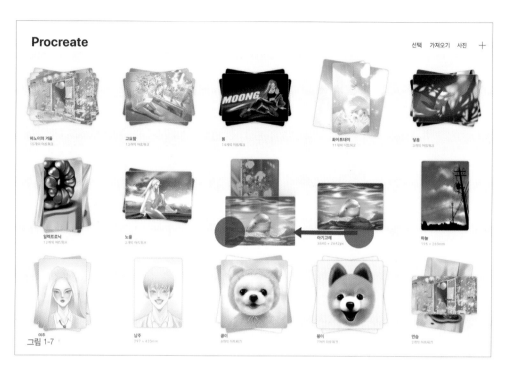

파일을 드래그하여 원하는 파일 위로 겹치면 2개의 파일이 하나의 스택으로 결합됩니다.

2개 이상의 파일을 스택으로 만들 때에는 파일을 드래그하여 스택 위로 겹칩니다.

그림 1-9

스택이 열린 후 원하는 위치에 파일을 내려놓습니다.

선택된 아트워크 스택 만들기

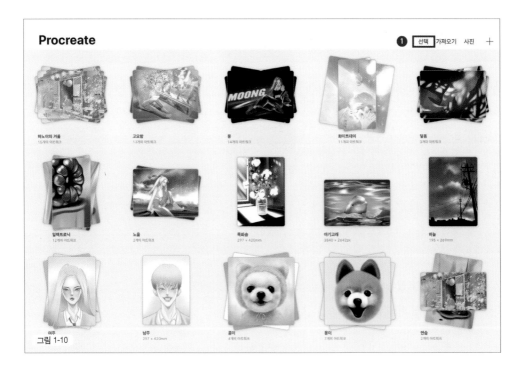

그림 1-10

우측 상단의 선택 메뉴를 터치하면 여러 개의 '다중 선택' 모드가 됩니다. 여러 개의 캔버스를 동시에 선택하여 스택을 만들 수 있습니다. 선택된 아트워크는 파란색 바탕에 흰색 체크 표시로 나타납니다.

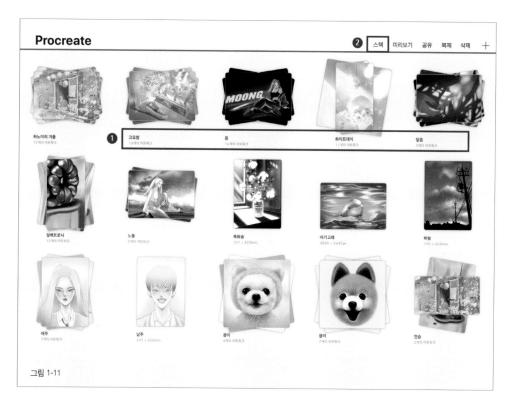

그림 1-11

다수의 아트워크가 선택되면 '스택' 메뉴가 활성화됩니다.

스택 해제하기

한번 스택을 만들었다면 특정 아트워크의 스택을 바깥 갤러리로 이동하여 스택을 해제하고 갤러리의 원하는 위치로 자유롭게 이동할 수 있습니다.

그림 1-12

스택에서 해제할 아트워크를 길게 터치한 상태에서 다른 한 손가락으로 스택의 이름을 터치합니다.

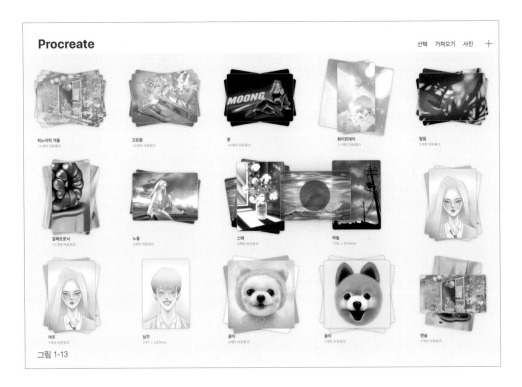

그림 1-13

프로크리에이트의 시작 화면으로 바뀌면 원하는 위치에 내려놓습니다.

새로운 캔버스 제작하기

프로크리에이트에서 새로운 파일을 만들 때 캔버스의 속성을 지정하는 것은 가장 기본적인 작업입니다. 자신이 사용하려는 목적에 따라 이미지의 크기, 해상도, 색상 모드, 타임랩스의 품질 여부를 자유롭게 결정합니다. 프로크리에이트는 새로운 아트워크를 빠르고 쉽게 만들기 위해 몇 개의 규정된 크기의 캔버스를 제공합니다. 우측 상단의 +를 터치하면 미리 정해진 캔버스를 선택할 수 있습니다.

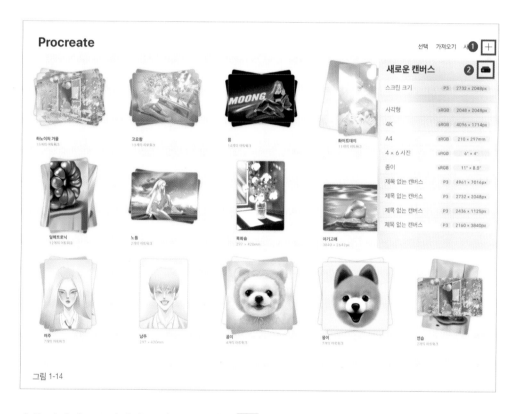

그림 1-14

우측 상단의 +를 터치하고 새로운 캔버스 를 터치해주세요.

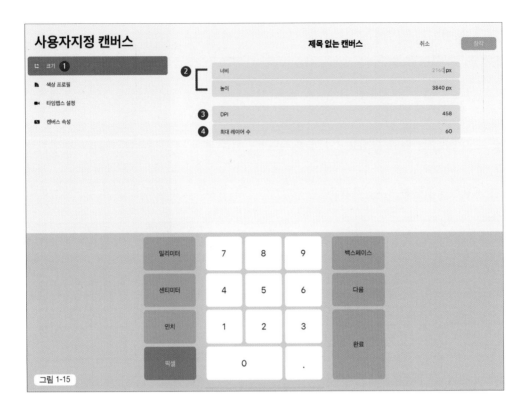

그림 1-15

❶ 크기: 캔버스의 크기, 해상도를 설정합니다.

❷ 너비, 높이: 캔버스의 너비, 높이를 설정할 수 있습니다.

❸ DPI: 해상도를 설정합니다. 사용 목적에 따라 일반적으로 웹용 이미지는 '72Pixels/Inch', 인쇄용 이미지는 '300Pixels/Inch'를 사용합니다.

❹ 최대 레이어 수: 이미지의 크기나 해상도에 따라 최대 레이어의 수가 제한되며, 이미지의 사이즈가 크고 해상도가 높을수록 레이어의 최대 개수가 적어집니다. 레이어의 개수를 확인하며 캔버스를 제작하세요.

12

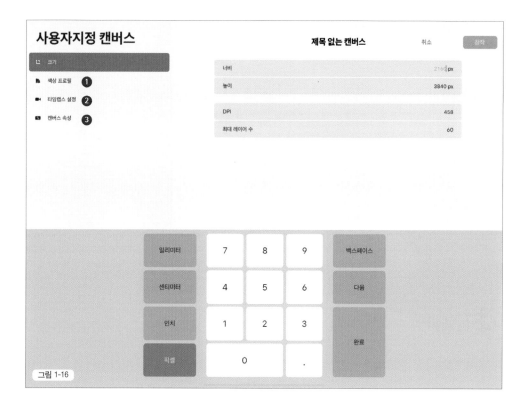

그림 1-16

❶ **색상 프로필**: 색상 모드를 사용 목적에 따라 RGB, CMYK 모드 중에서 설정할 수 있습니다. 사용 목적이 웹용일 경우에는 RGB, 출력용일 경우에는 CMYK를 선택합니다.

❷ **타임랩스 설정**: 타임랩스의 품질과 화면의 크기를 설정할 수 있습니다.

❸ **캔버스 속성**: 캔버스 뒤에 배경색상을 설정하거나 숨길 수 있습니다.

아트워크 미리보기

두 손가락으로 갤러리에서 아트워크를 확대하면 미리보기를 할 수 있습니다. 캔버스를 열지 않아도 빠른 속도로 모든 아트워크를 볼 수 있는 기능입니다.

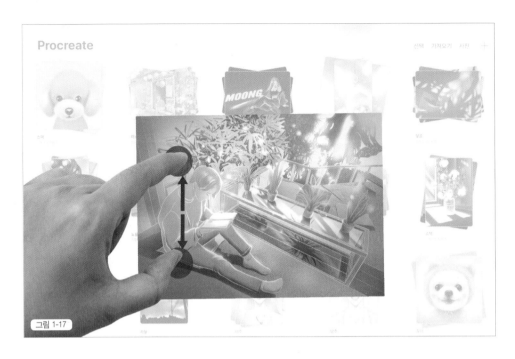

그림 1-17

아트워크 위에 두 손가락을 벌리면 확대하듯 미리보기가 실행됩니다.

그림 1-18

14

미리보기를 통해 선택한 아트워크는 다시 두 손가락을 오므려 갤러리로 돌아갈 수 있습니다.

그림 1-19

미리보기 모드에서 좌우 화살표를 터치하면 이전 혹은 다음 아트워크를 미리보기 할 수 있습니다. 화면을 두 번 터치하면 캔버스를 열 수 있습니다.

선택된 아트워크 미리보기

우측 상단의 '선택' 메뉴로 여러 개의 아트워크를 선택하면 '미리보기' 메뉴가 생성됩니다. '미리보기'를 실행하면 선택된 아트워크를 갤러리, 스택의 위쪽부터 차례로 미리보기 할 수 있습니다.

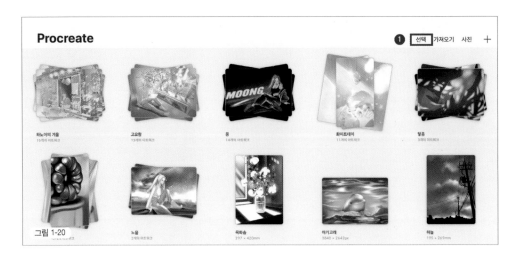

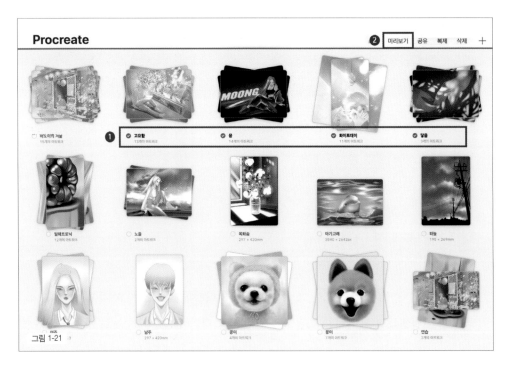

우측 상단의 '선택' 메뉴를 터치하면 여러 개의 '다중 선택' 모드가 됩니다. 하나 이상의 캔버스를 동시에 선택하여 미리보기를 할 수 있습니다. 선택된 아트워크는 파란색 바탕에 흰색 체크 표시로 나타납니다.

다수의 아트워크를 선택하면 '미리보기' 메뉴가 활성화됩니다.

아트워크 정렬

갤러리의 아트워크를 원하는 순서대로 조정하여 효율적인 아트워크를 관리합니다.

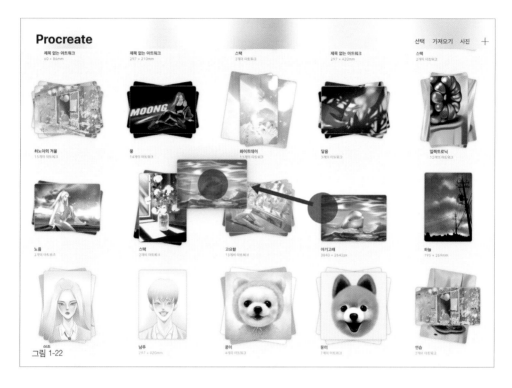

그림 1-22

섬네일을 선택하여 드래그한 채로 원하는 아트워크의 앞, 뒤에 가져다 놓으면 선택한 아트
워크의 정렬 순서가 변경됩니다.

프로크리에이트의 인터페이스 살펴보기

프로크리에이트의 인터페이스는 사용자가 간결하게 볼 수 있도록 아이콘으로 표현되어 있
습니다. 모든 UI는 아주 간결하고 직접적이며 누구든 편하게 사용할 수 있게 제작되어 있습
니다. 차근차근 익혀봅시다.

그림 1-23

❶ **갤러리**: 시작 화면인 갤러리로 돌아갑니다.

❷ **동작**: 프로크리에이트의 기능들이 탭으로 묶여 있습니다.

❸ **조정**: 다양한 필터 효과를 지정할 수 있으며 이미지의 색상, 채도, 밝기 등을 조절할 수 있습니다.

❹ **선택**: 어떤 영역을 지정하여 선택합니다.

❺ **변형**: 선택한 이미지를 드래그하여 '이동', '크기 조절', '형태 왜곡', '형태 뒤틀기'에 사용됩니다.

❻ **브러시**: 이미지를 원하는 모양의 붓 터치로 채색합니다.

❼ **문지르기**: 이미지를 뭉개거나 흐릿하게 만듭니다.

❽ **지우기**: 이미지를 지울 때 사용합니다.

❾ **레이어**: 캔버스의 이미지를 레이어로 관리하여 수정이나 편집할 때 사용합니다.

❿ **색상**: 원하는 색상으로 고르며 사용하고 있는 색상이 보입니다.

⓫ **브러시 크기**: 슬라이드바를 조정하여 원하는 브러시 크기로 설정합니다.

⓬ **브러시 불투명도**: 슬라이드바를 조정하여 원하는 브러시의 불투명도를 조절합니다.

⓭ **실행취소**: 작업 중에 전 단계로 돌아갈 때 사용합니다.

⓮ **다시 하기**: 작업 중에 전 단계로 되돌렸다가 다시 앞 단계로 가고 싶을 때 사용합니다.

그림 1-24

18

CHAPTER
1

02

제스처 제어 핵심 정리

프로크리에이트는 간단한 제스처로 작업을 수행할 수 있습니다. 가장 좋은 장점은 사용자에게 편리함을 제공한다는 것입니다. 복잡한 작업을 빠르게 수행할 수 있는 간단한 제스처를 익혀보세요.

캔버스 확대 및 축소

예제파일 - 고요함.jpg

그림 1-25

캔버스 위에 두 손가락을 벌리면 확대가 가능합니다.

그림 1-26

캔버스 위에 두 손가락을 가까이 잡아당기면 축소가 가능합니다.

캔버스 회전

그림 1-27

두 손가락을 집게 모양으로 고정한 채 다이얼을 돌리듯 손가락을 돌리면 이미지를 회전시킬 수 있습니다. 그림을 편하게 그리기 위해 캔버스의 각도를 변경하는 기능입니다.

실행 취소

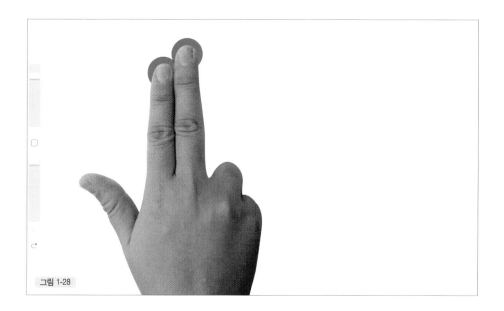

그림 1-28

캔버스 어느 곳이든 두 개의 손가락으로 가볍게 터치하면 되돌리기가 실행됩니다. 두 손가락을 캔버스 위에 터치한 채로 유지하면 캔버스에서 손가락을 뗄 때까지 연속적으로 되돌리기가 실행됩니다.

다시 하기

만약 되돌리기를 매우 많이 실행했을 경우에는 되돌리기를 실행하기 전 단계로 이동하는 '다시 하기' 기능을 제공합니다.

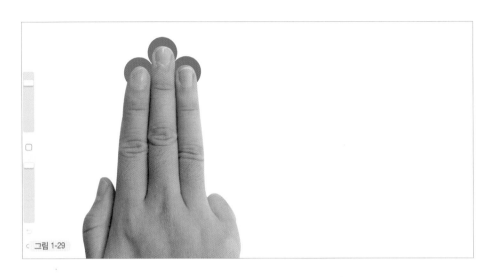

그림 1-29

캔버스 위를 세 손가락으로 터치하면 다시 하기가 실행되며, 되돌리기와 마찬가지로 캔버스 위에 손가락을 올려두면 연속 실행됩니다.

변경한 캔버스 크기를 스크린 크기로 맞추기

그림 1-30

두 손가락을 한 점으로 빠르게 집어 모으면 캔버스의 크기는 아이패드 스크린 크기로 변경됩니다.

브러시 크기

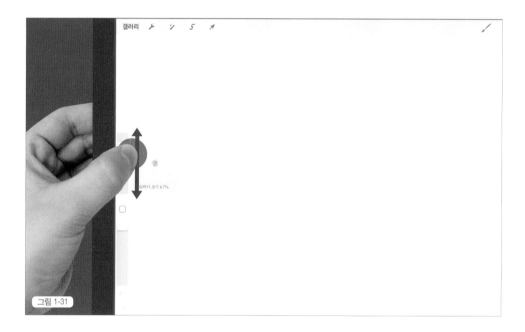

그림 1-31

왼쪽 바에서 첫 번째에 있는 슬라이더를 위, 아래로 조정하며 브러시의 크기를 조절할 수 있습니다.

불투명도 조절

왼쪽 바에서 두 번째에 있는 슬라이더를 위, 아래로 조정하며 브러시의 불투명도를 조절할 수 있습니다.

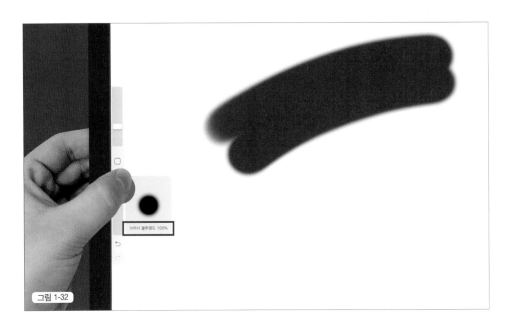

불투명도를 100%로 했을 경우에는 브러시가 진하게 나옵니다.

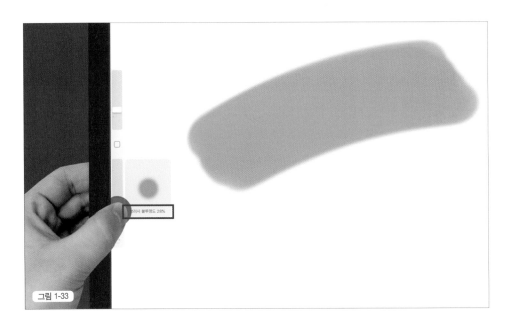

불투명도를 28%로 낮췄을 경우에는 밑색이 보일 만큼 투명하게 나옵니다.

사이드바 위치 조절

작업하기 적절한 위치로 사이드바의 위치를 변경할 수 있습니다.

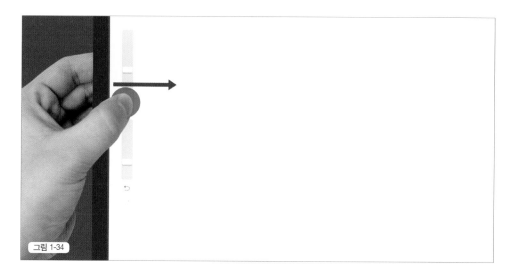

그림 1-34

사이드바의 중간 부분을 화면 바깥에서부터 터치하여 오른쪽으로 드래그합니다.

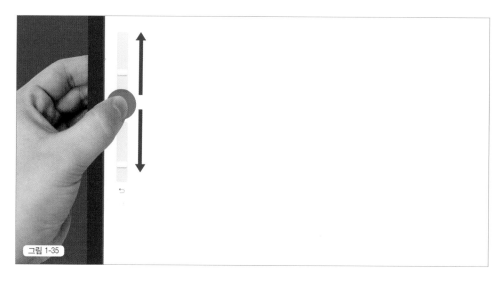

그림 1-35

위, 아래로 조정하며 사이드바의 위치를 변경할 수 있습니다.

전체 화면 모드

프로크리에이트의 모든 메뉴를 보이지 않고 오직 작품만을 검토하고 싶을 때 전체 화면 모드를 사용할 수 있습니다.

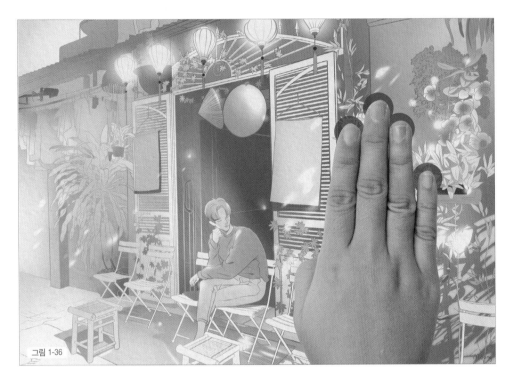

그림 1-36

네 손가락을 가볍게 터치하면 UI 메뉴들은 사라지고 완전한 캔버스만 출력됩니다. 네 손가락을 다시 터치하게 되면 UI가 나타납니다.

채색하기

캔버스 위를 손가락으로 터치하거나 드래그하면 브러시로 색칠하거나 지우기, 문지르기 효
과가 적용됩니다.

TIP 자주 사용하는 꿀팁을 보고 터치 동작 비활성화를 켜둔 상태라면 손가락으로 채색이 불가능하니 다시 꺼둔 상태로
설정 후 채색을 진행해주세요.

그림 1-37

브러시 – 에어브러시 – 미디움 브러시를 터치합니다.

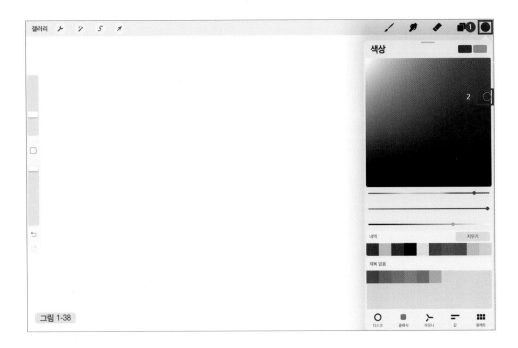

그림 1-38

색상 팔레트에서 원하는 색상을 터치합니다.

그림 1-39

손가락으로 문지르듯 채색합니다.

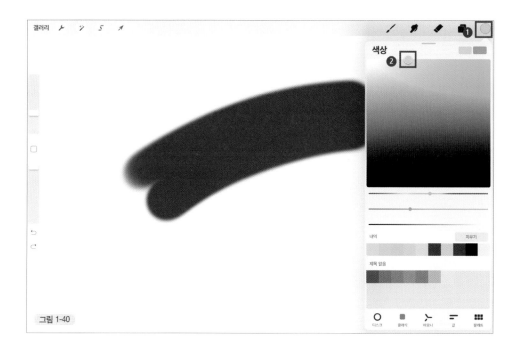

그림 1-40

색상 팔레트에서 원하는 다른 색상을 터치합니다.

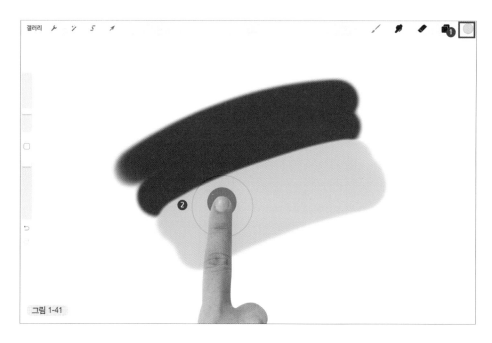

그림 1-41

브러시를 터치한 후 손가락으로 문지르듯 채색합니다.

문지르기

TIP 자주 사용하는 꿀팁을 보고 터치 동작 비활성화를 켜둔 상태라면 손가락으로 채색이 불가능하니 다시 꺼둔 상태로 설정 후 채색을 진행해주세요.

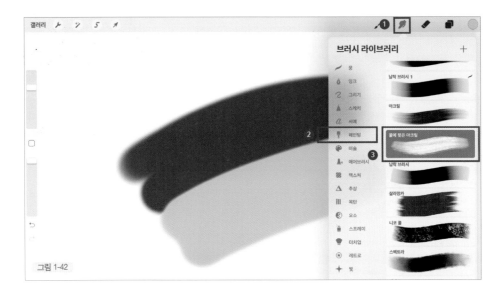

그림 1-42

문지르기 – 페인팅 – 물에 젖은 아크릴 브러시를 선택합니다.

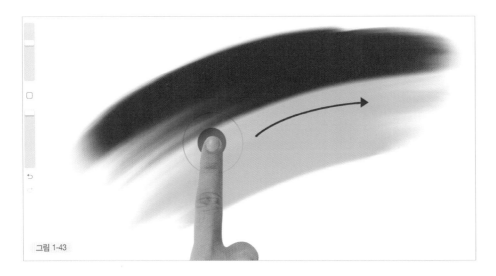

그림 1-43

채색된 색상을 좌우로 문지르면 번지는 듯한 유화 느낌이 표현됩니다.

30

지우기

TIP 자주 사용하는 꿀팁을 보고 터치 동작 비활성화를 켜둔 상태라면 손가락으로 채색이 불가능하니 다시 꺼둔 상태로 설정 후 채색을 진행해주세요.

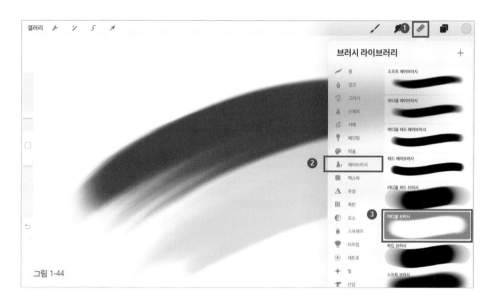

그림 1-44

지우개 – 에어브러시 – 미디움 브러시를 선택합니다.

그림 1-45

채색된 색상을 좌우로 문지르듯 지워줍니다.

직선 그리기

손 떨림 보정 기능을 사용하여 그림이 처음인 초보자여도 반듯한 직선을 표현할 수 있습니다. 획을 그린 후 획의 끝을 떼지 않고 캔버스 위에 잠시 멈추면 직선 혹은 잘 다듬어진 도형의 형태로 교정됩니다.

> **TIP** 자주 사용하는 꿀팁을 보고 터치 동작 비활성화를 켜둔 상태라면 손가락으로 채색이 불가능하니 다시 꺼둔 상태로 설정 후 채색을 진행해주세요.

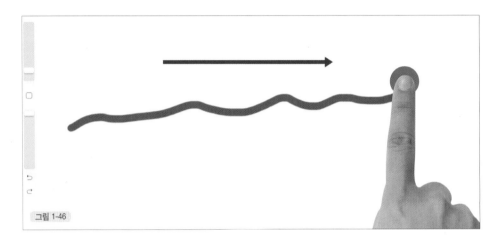

그림 1-46

자유롭게 획을 긋습니다.

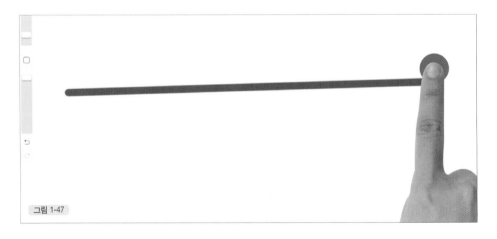

그림 1-47

잠시 멈추면 잘 다듬어진 형태로 교정됩니다.

레이어 지우기

예제파일 - 노을.jpg

지우개로 일일이 지우지 않고도 간단히 레이어를 깨끗한 상태로 만들 수 있는 기능입니다.

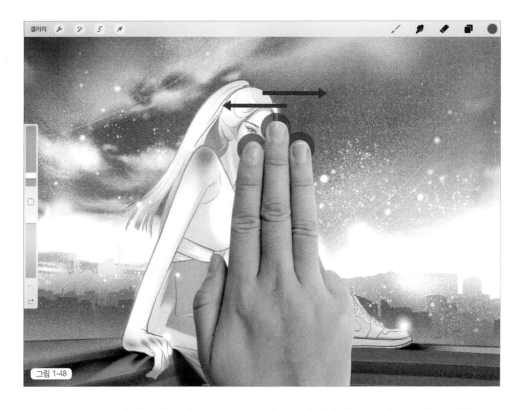

그림 1-48

캔버스 위에 세 손가락을 사용하여 좌우로 문지르면 레이어의 모든 내용을 바로 삭제할 수 있습니다.

잘라내기, 복사하기, 붙여넣기

예제파일 - 노을사람.png

세 손가락을 사용하여 아래쪽으로 스와이프하면 잘라내기, 복사하기, 붙여넣기 메뉴를 실행할 수 있습니다.

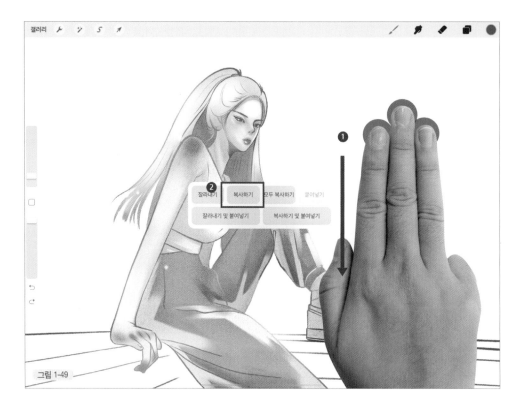

그림 1-49

세 손가락을 아래쪽으로 스와이프하면 나오는 메뉴에서 복사하기를 터치합니다.

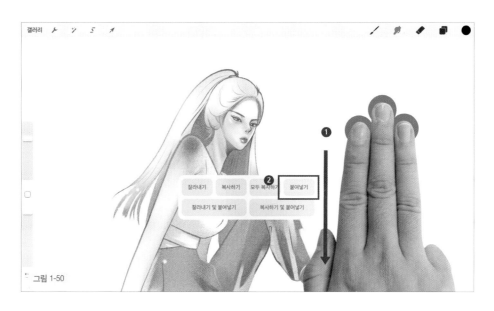

그림 1-50

다시 세 손가락을 아래쪽으로 스와이프하면 나오는 메뉴에서 붙여넣기를 터치합니다.

그림 1-51

변형 툴을 터치하고 화면을 스와이프하여 원하는 위치로 붙여넣기가 된 것을 확인한 후
변형 툴을 터치하여 다시 꺼주세요.

레이어 병합하기

레이어의 개수가 너무 많을 때 하나의 레이어로 병합할 수 있는 기능입니다.

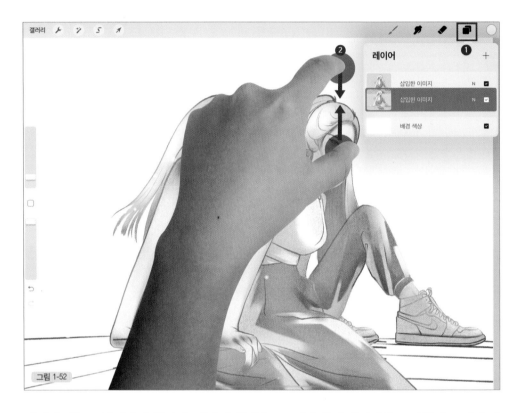

그림 1-52

레이어 메뉴로 들어가서 두 손을 레이어 위에 놓고, 여러 개의 레이어를 꼬집듯 오므리면 하나의 레이어로 병합됩니다.

레이어 불투명도 조절하기

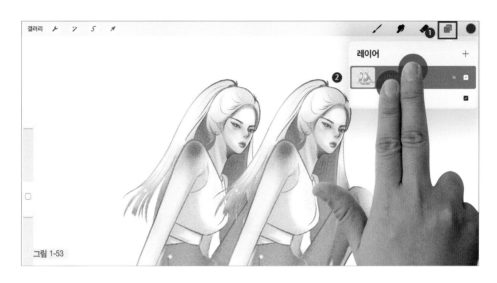

그림 1-53

레이어 섬네일을 두 손가락으로 터치합니다.

그림 1-54

상단에 불투명도 조절을 위한 슬라이드가 생성됩니다.

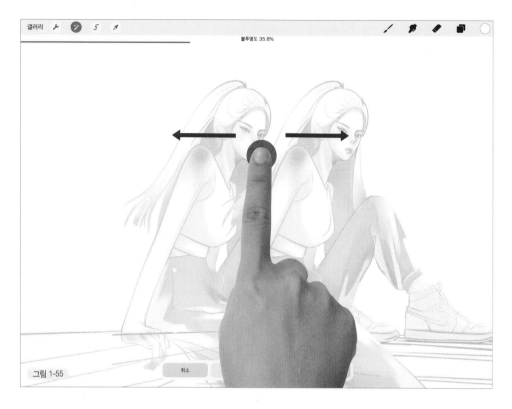

갤러리 🔧 ⊘ ⊃ ↗   🖊 🖌 🧽 🗔 ◯

불투명도 35.8%

그림 1-55   취소

화면을 좌우로 슬라이드하여 불투명도를 조절합니다. 오른쪽으로 슬라이드를 하면 선명해
지며 왼쪽으로 슬라이드를 하면 흐릿해집니다.

알파 채널 잠금

알파 채널 잠금은 원래의 모양을 보존하며 선택한 부분만 변형하는 기능입니다.

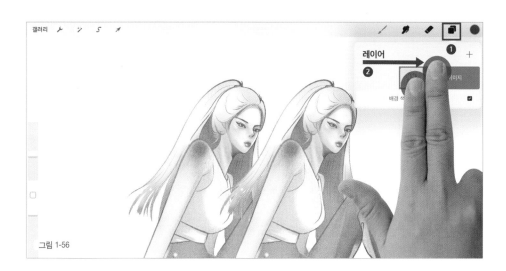

그림 1-56

레이어를 터치한 후 두 손가락을 사용하여 레이어를 왼쪽에서 오른쪽으로 스와이프하면
'알파채널 잠금'이 실행됩니다.

그림 1-57

브리시를 터치한 후 채색하면 선택된 레이어의 원래의 모양을 보전하며 그 부분만 채색합
니다.

레이어 콘텐츠 선택

TIP 자주 사용하는 꿀팁을 보시고 레이어 선택을 ㅁ + Apple Pencil을 켜두신 분들은 다시 꺼주신 후 제스처 제어 - 레이어 선택 - 터치를 켜주시면 됩니다. 다만 평상시에는 스포이트 툴과 레이어 선택이 혼동될 수 있으니 평상시에는 레이어 선택을 ㅁ + Apple Pencil로 설정해주세요.

그림 1-58

한 손가락으로 가볍게 터치하면 작은 메뉴창이 뜨면서 해당 레이어의 콘텐츠가 선택됩니다.

프로크리에이트
메 뉴 바
익 히 기

·

CHAPTER

2

01

프로크리에이트 메뉴바
- 동작

프로크리에이트의 동작 기능에 대해 알아보겠습니다. 아주 유용한 기능이 많으니 꼼꼼하게 익혀봅시다.

추가

파일 또는 사진, 텍스트를 삽입하고 캔버스를 자르거나 복사할 수 있는 기능입니다.

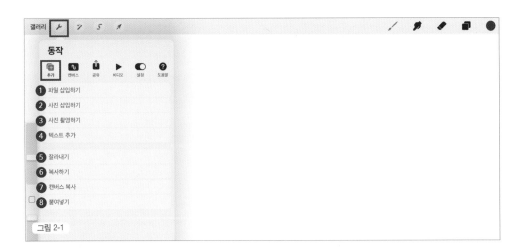

그림 2-1

❶ 파일 삽입하기: 아이패드에 저장되어 있는 파일을 선택하여 캔버스에 삽입할 수 있습니다.

❷ **사진 삽입하기**: 아이패드에 저장되어 있는 이미지를 선택하여 캔버스에 삽입할 수 있습니다.

❸ **사진 촬영하기**: 사진을 촬영하여 이미지를 캔버스에 삽입할 수 있습니다.

❹ **텍스트 추가**: 다양한 스타일의 서체, 디자인, 속성을 사용하여 텍스트를 삽입할 수 있습니다.

❺ **잘라내기**: 화면의 이미지를 잘라내기할 수 있습니다.

❻ **복사하기**: 화면의 이미지를 복사할 수 있습니다.

❼ **캔버스 복사**: 화면의 이미지를 복사할 수 있습니다.

❽ **붙여넣기**: 잘라내거나 복사한 이미지를 붙여넣기할 수 있습니다.

캔버스

그림 2-2

❶ **캔버스 잘라내기 및 크기 조정**: 캔버스의 크기를 조정하거나 회전, 잘라내기를 할 수 있습니다.

❷ **애니메이션 어시스트**: 애니메이션을 할 수 있는 간단한 인터페이스입니다. 어니언 스킨 프레임, 초당 프레임, 양파 껍질 불투명도를 활용하여 간단하게 편집 및 애니메이션 필수 기능을 제공합니다.

❸ 그리기 가이드: 그리기 가이드 선을 활용하면 좀 더 쉽게 그림을 그리실 수 있습니다.

❹ 편집 그리기 가이드: 그리기 가이드선의 불투명도, 두께, 격자 크기를 설정할 수 있으며, 그리기 가이드 선을 2D 격자, 등거리, 원근, 대칭 중에서 선택하실 수 있습니다.

❺ 캔버스를 수평으로 뒤집기: 캔버스를 수평으로 뒤집을 수 있습니다.

❻ 캔버스를 수직으로 뒤집기: 캔버스를 수직으로 뒤집을 수 있습니다.

❼ 캔버스 정보: 크기, 레이어, 색상 프로필, 비디오 설정, 통계를 확인할 수 있습니다.

예제 01 캔버스를 내가 원하는 크기로 잘라내거나 회전하기

예제파일 - 약속.jpg

캔버스가 제작된 이후에 자신이 원하는 크기로 캔버스를 자르기, 회전, 크기 변경을 할 수 있는 기능입니다. 차근차근 익혀봅시다.

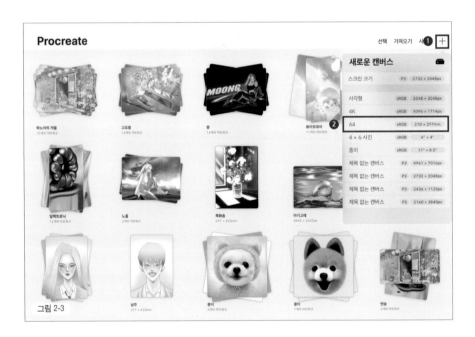

그림 2-3

01 시작 화면에서 우측 상단의 +터치 - A4 사이즈를 터치하여 새로운 캔버스를 제작합니다.

그림 2-4

02 **동작 – 추가 – 사진 삽입하기**를 터치합니다.

그림 2-5

03 변형툴을 터치하여 꺼주세요.

그림 2-6

04 동작 – 캔버스 – 잘라내기 및 크기 변경을 터치합니다.

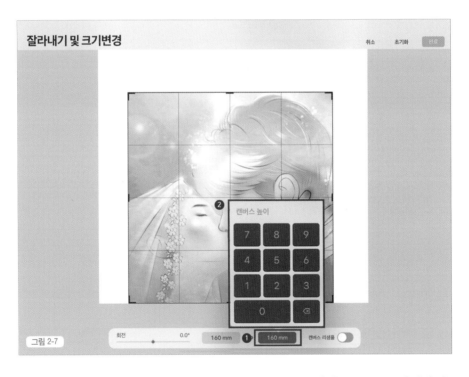

그림 2-7

05 하단의 메뉴에서 너비와 높이를 터치하여 키보드가 생성되면 160mm로 변경하여 즉
시 반영할 수 있습니다.

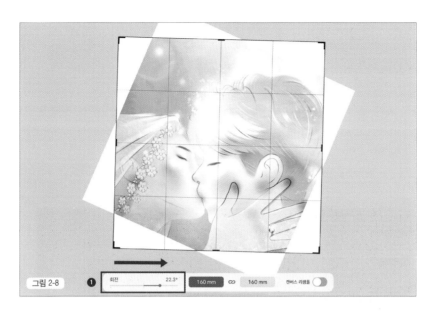

그림 2-8

회전   22.3°   160 mm   160 mm   캔버스 리샘플

06 하단의 메뉴에서 원하는 방향으로 회전합니다. 회전 각도를 슬라이드하면 각도에 따라 캔버스가 회전합니다.

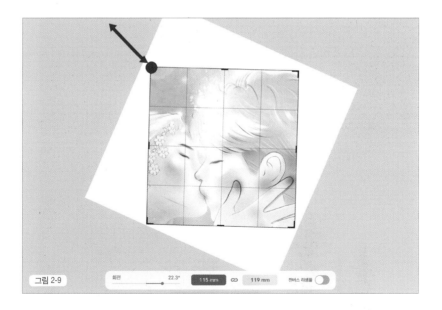

그림 2-9

회전   22.3°   115 mm   119 mm   캔버스 리샘플

07 캔버스 테두리의 끝부분의 선을 드래그하면 수평/수직으로 크기를 조절할 수 있고, 모서리 부분의 두꺼운 직각 모양을 드래그하면 수평, 수직 크기를 한번에 변경할 수 있습니다. 조정이 끝난 후 완료를 터치하면 됩니다.

그림 그리기 전에 캔버스의 크기, 그리기 가이드, 클리핑 마스크의 기능을 익힌다면 초보자도 스케치하기, 그림 그리기가 어렵지 않습니다. 그림을 그리기 전 준비하면 편한 것들을 다루겠습니다.

그림 2-10

48

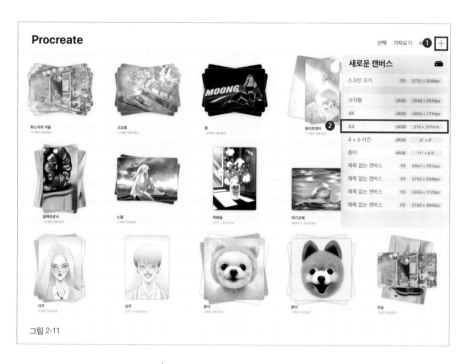

그림 2-11

01 우측 상단의 + 아이콘을 터치하고 A4 사이즈를 선택하여 새로운 캔버스를 열어주세요.

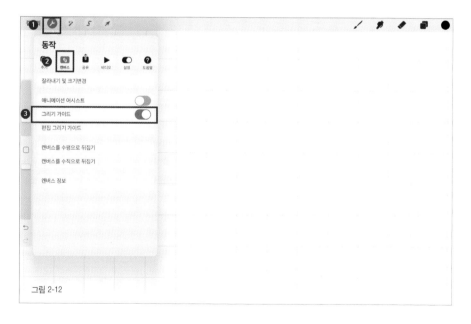

그림 2-12

02 동작 – 캔버스 – 그리기 가이드를 활성화시켜주세요.

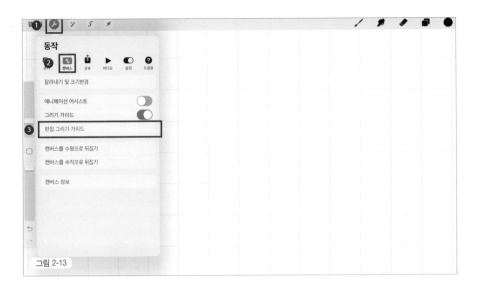

그림 2-13

03 동작 – 캔버스 – 편집 그리기 가이드를 터치해주세요.

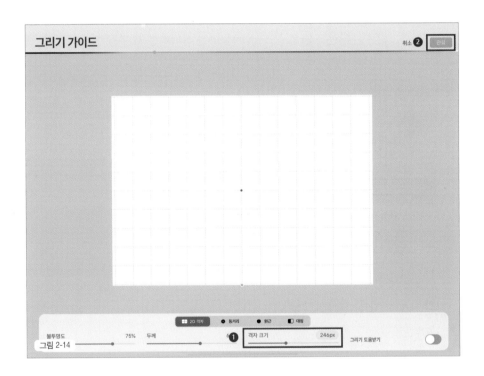

그림 2-14

04 격자 크기를 246px로 설정한 후 완료를 터치해주세요.

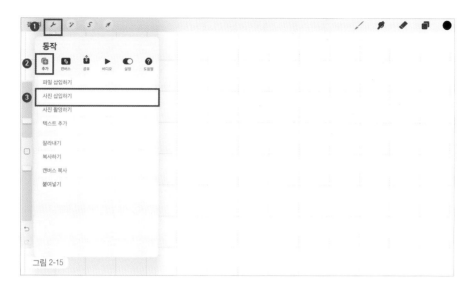

그림 2-15

05 **동작 – 추가 – 사진 삽입하기**에서 오로라.jpg 사진을 삽입한 후 왼쪽에 위치해주세요.

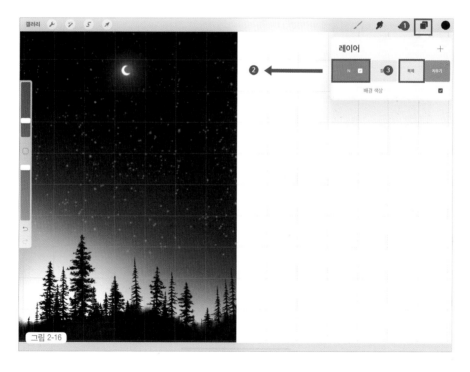

그림 2-16

06 레이어를 왼쪽으로 당기면 나오는 메뉴에서 복제를 터치해주세요.

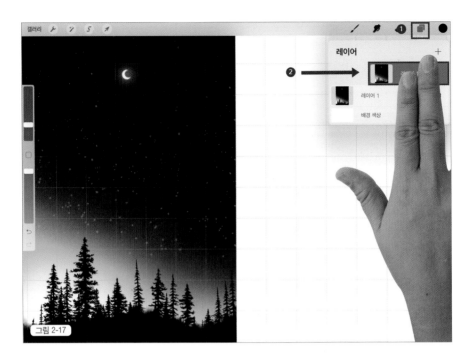

그림 2-17

07 복제된 레이어 위에서 두 개의 손가락을 오른쪽으로 밀어 알파채널 잠금을 해주세요.

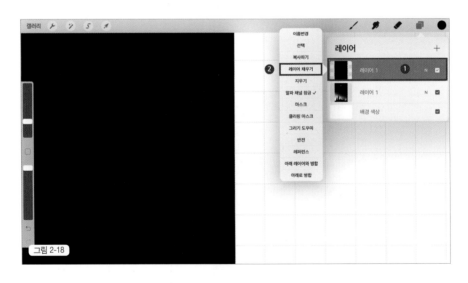

그림 2-18

08 색상은 검은색을 선택해주세요(16진값: 000000). 알파채널 적용된 레이어를 터치하면
   나오는 메뉴에서 **레이어 채우기**를 터치하면 선택되어 있는 색상이 채워집니다.

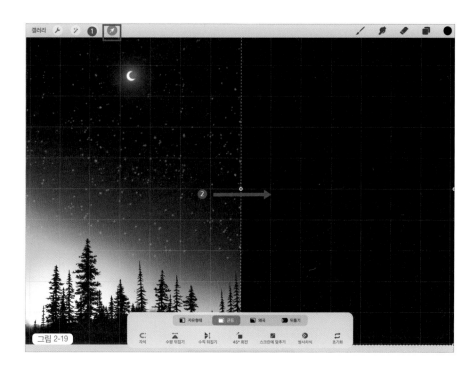

그림 2-19

09 색상이 채워진 레이어를 변형툴을 켜서 오른쪽으로 드래그하여 위치해준 후 변형툴을
다시 터치하여 꺼주세요.

배경 그라데이션과 나무 그림 합성을 진행해볼게요. 차근차근 따라해봅시다.

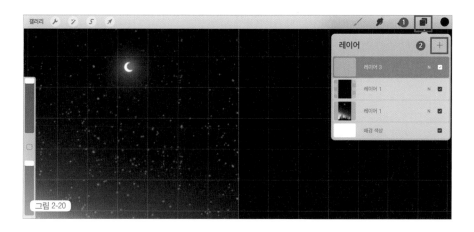

그림 2-20

10 레이어에서 우측 상단의 +를 터치하여 새로운 레이어를 추가해주세요.

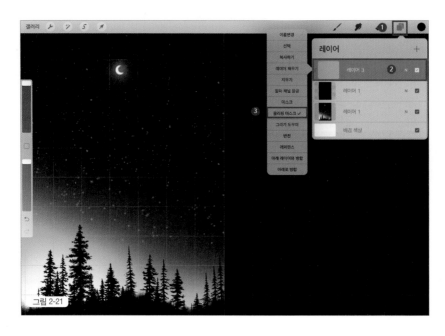

그림 2-21

11 추가한 레이어를 터치하면 나오는 메뉴에서 **클리핑 마스크**를 터치합니다.

그림 2-22

12 브러시 – 뭉 – 뭉 노이즈브러시를 터치합니다. 색상은 예제 파일의 진한 초록색 계열을 손가락으로 길게 터치하여 스포이드 합니다. (16진값: 083e38)

그림 2-23

13   브러시 크기는 위, 아래로 스와이프하여 20%로 설정한 후 위쪽 부분을 그라데이션 합니다.

그림 2-24

14   브러시 – 뭉 – 뭉 노이즈브러시를 터치, 색상은 예제 파일의 밝은 초록색 계열을 손가락으로 길게 터치하여 스포이드 합니다. (16진값: 54c2aa)

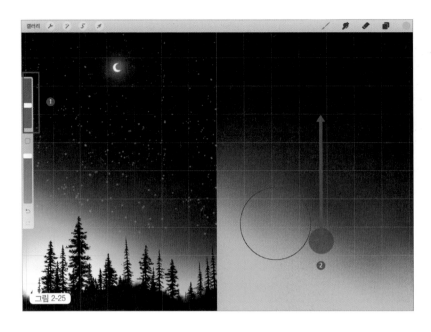

그림 2-25

15 브러시 크기는 위, 아래로 스와이프하여 20%로 설정한 후 아래쪽 부분을 그라데이션 합니다.

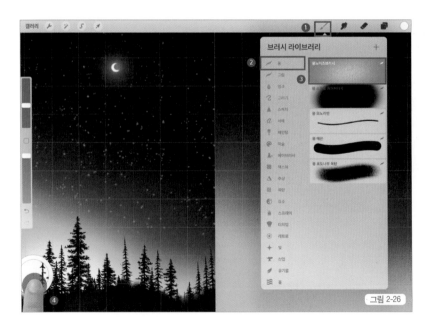

브러시 라이브러리

그림 2-26

16 브러시 - 뭉 - 뭉 노이즈브러시를 터치, 색상은 예제 파일의 흰색 계열을 손가락으로 길게 터치하여 스포이드 합니다. (16진값: f2fcfb)

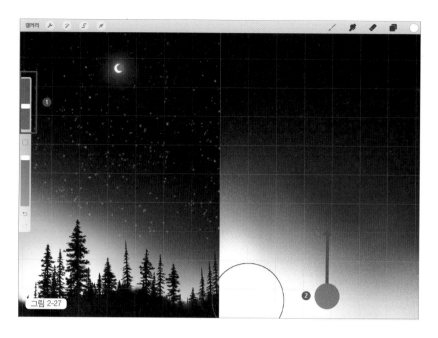

그림 2-27

17 브러시 크기는 위, 아래로 스와이프하여 20%로 설정한 후 맨 아래쪽 부분을 그라데이션합니다.

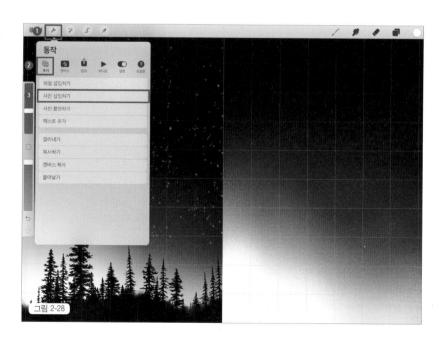

그림 2-28

18 동작 – 추가 – 사진 삽입하기에서 나무.png를 삽입해주세요.

그림 2-29

19 삽입한 이미지를 우측 하단에 위치한 후 변형툴을 터치하여 꺼주세요.

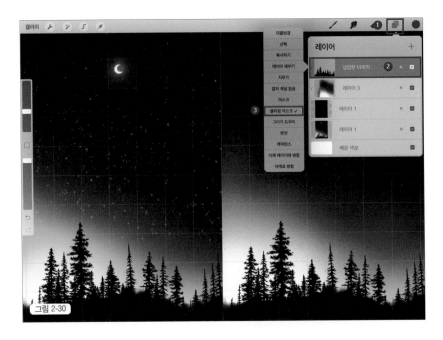

그림 2-30

20 레이어 - 나무.png 레이어 - 클리핑 마스크를 터치합니다.

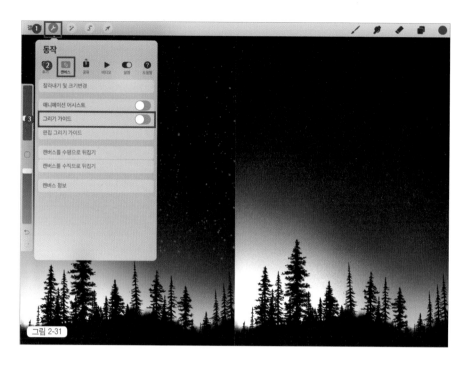

그림 2-31

21 동작 - 캔버스 - 그리기 가이드를 꺼주세요.

까만 밤하늘에 손톱만큼 작은 초승달은 정말 아름답지요. 까만 하늘 중 반짝이는 달 하나를
그려봅시다.

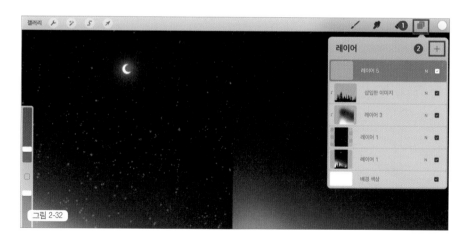

그림 2-32

22 레이어에서 우측 상단의 +를 터치하여 새로운 레이어를 추가해주세요.

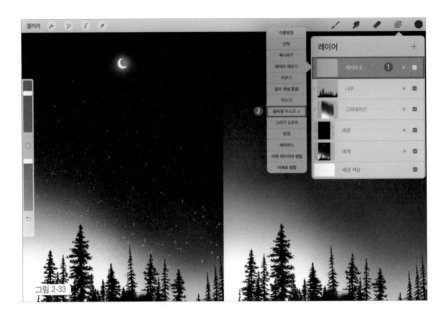

그림 2-33

23 레이어 - 추가된 레이어 - 클리핑 마스크를 터치합니다.

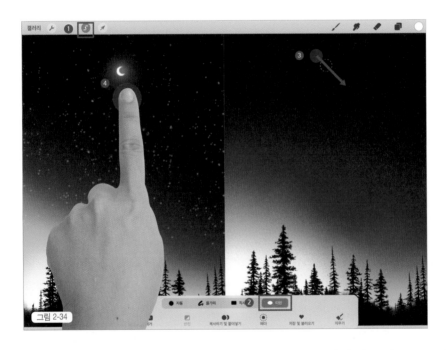

그림 2-34

24 선택툴에서 타원을 터치하고 화면에 원을 드래그하면서 동시에 다른 한 손으로 화면
을 터치하면 정원의 영역이 선택됩니다.

그림 2-35

25   색상에서 흰색(16진값: ffffff)을 선택하여 원 안으로 드래그해주세요.

그림 2-36

26   변형툴에서 균등을 터치하고 파란 점을 드래그하여 크기를 변경하거나 화면을 드래그
하여 위치를 적절하게 조절해주신 후 변형툴을 터치하여 꺼주세요.

그림 2-37

27 지우개 – 뭉 – 뭉 모노라인 브러시를 선택해주세요.

그림 2-38

28 브러시 크기를 3%로 설정한 후 달의 오른쪽 면을 지워주세요.

62

그림 2-39

29   조정 – 가우시안 흐림 효과를 터치해주세요.

그림 2-40

30   화면을 오른쪽으로 슬라이드하여 가우시안 흐림 효과를 2.5%로 설정해주세요.

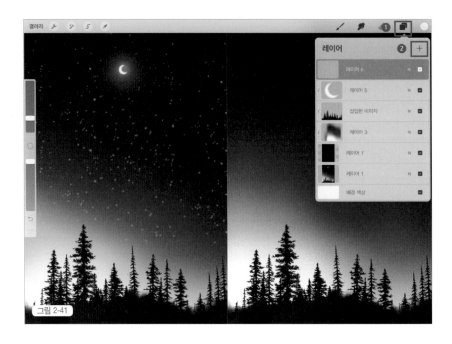

그림 2-41

31 　레이어에서 우측 상단의 +를 터치하여 새로운 레이어를 추가해주세요.

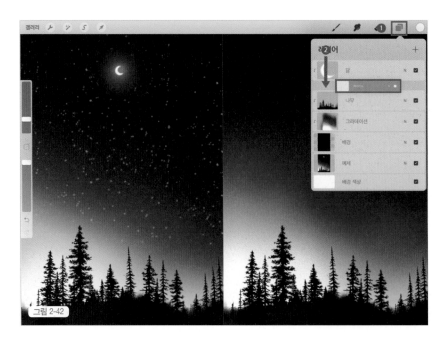

그림 2-42

32 　레이어에서 새로운 레이어를 길게 터치하여 달 레이어 아래쪽으로 드래그하여 이동해
　　주세요.

그림 2-43

33 브러시 – 뭉 – 뭉 소프트 에어브러시로 선택해주세요. 색상은 흰색을 선택해주세요. (16
진값: ffffff)

그림 2-44

34 브러시 크기를 15%로 설정한 후 주변 달빛을 표현해주세요.

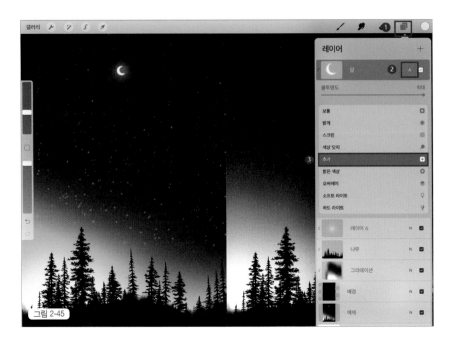

그림 2-45

35 레이어 – 달 레이어의 블렌드 모드 N – 추가를 터치해주세요.

이제 별을 그려볼 텐데요. 하늘을 가득 수놓은 별들! 쏟아져 내릴 듯한 별을 본 적이 있나요? 오로라를 직접 본 적은 없지만 실제로 본다면 이렇게 가득 차 있겠지요? 같이 차근차근 그려봅시다.

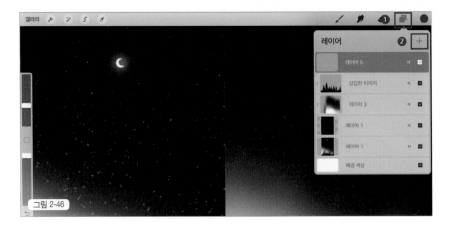

그림 2-46

36 레이어에서 우측 상단의 +를 터치하여 새로운 레이어를 추가해주세요.

그림 2-47

37   레이어 - 추가된 레이어 - 클리핑 마스크를 터치합니다.

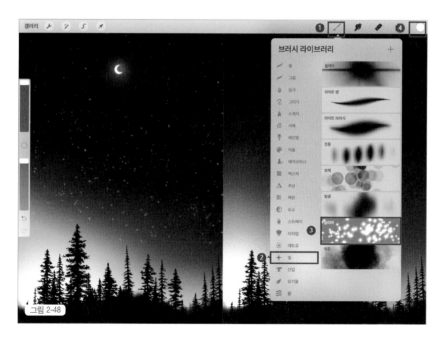

그림 2-48

38   브러시 - 빛 - 글리머를 터치하고, 색상은 흰색(16진값: ffffff)을 선택해주세요.

그림 2-49

39 별을 그려주세요. 필압에 따라 별의 크기 진하기가 다양하니 필압 조절을 주의해주세요.

그림 2-50

40 레이어 – 별 레이어의 블렌드 모드 N – 불투명도를 60%로 낮춰주세요.

이제 마무리 단계이네요. 캔버스의 크기를 조절하는 방법, 명도, 채도를 보정하는 방법을 같이 해봅시다.

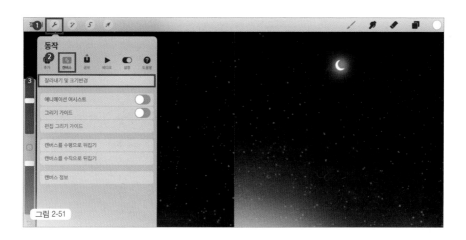

41 동작 - 캔버스 - 잘라내기 및 크기 변경을 터치해주세요.

42 왼쪽 외곽선을 드래그한 후 완료를 터치해서 예제 그림을 잘라내기 합니다.

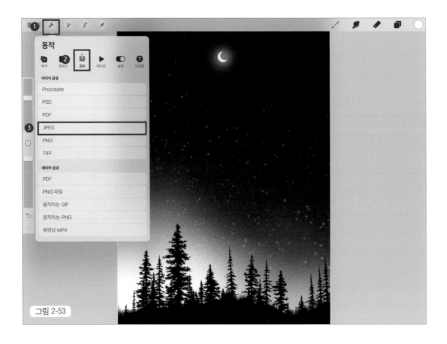

그림 2-53

43 **동작 – 공유 – JPEG**를 터치하여 이미지를 저장해주세요.

그림 2-54

44 **동작 – 추가 – 사진 삽입하기**를 터치하여 저장한 이미지를 불러와주세요.

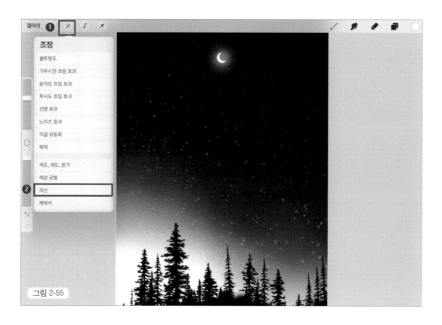

그림 2-55

45 **조정 – 곡선**을 터치해주세요.

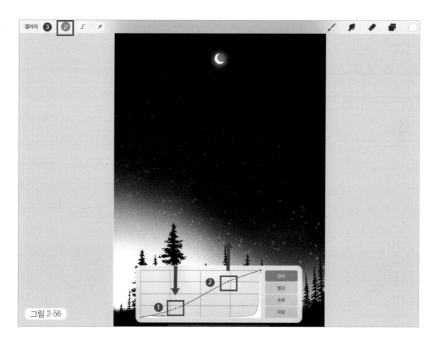

그림 2-56

46 하단의 그래프에서 점을 두 개 찍어주세요. 왼쪽 하단의 점을 아래로 내리고, 오른쪽
상단의 점을 위로 올린 후 조정툴을 터치하여 꺼주세요.

드디어 별이 반짝이는 표현을 할 수 있는 애니메이션 어시스트 기능입니다. 차근차근 해보면 아주 쉬우니 따라해봅시다.

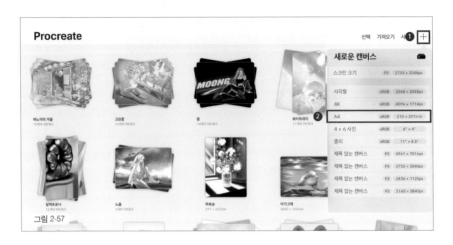

그림 2-57

47 우측 상단의 +를 터치하고 A4 사이즈를 선택하여 새로운 캔버스를 열어주세요.

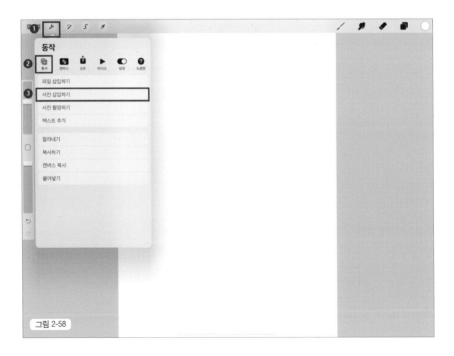

그림 2-58

48 동작 – 추가 – 사진 삽입하기를 터치하여 완성된 오로라 이미지를 삽입해주세요.

그림 2-59

49 레이어에서 오로라 이미지 레이어를 왼쪽으로 당겨 복제합니다. 두 번 복제하여 총 세 개의 레이어로 만들어주세요.

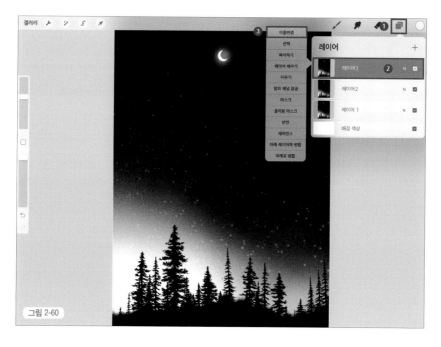

그림 2-60

50 레이어에서 세 개의 레이어의 이름을 터치하여 맨 아래의 레이어를 '레이어1', 중간 레이어를 '레이어2', 맨 위의 레이어를 '레이어3'으로 변경해주세요.

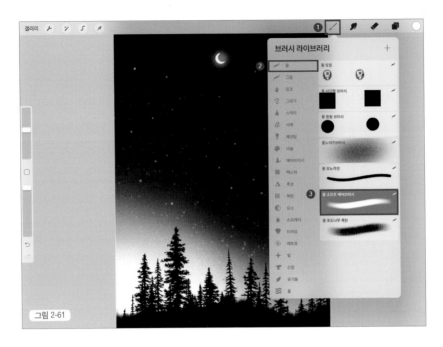

그림 2-61

51 브러시 – 뭉 – 뭉 소프트 에어브러시를 선택, 색상은 흰색(16진값: ffffff)을 선택해주세요.

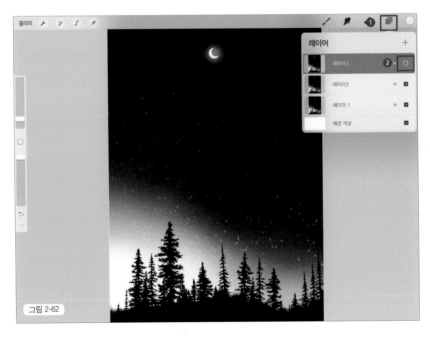

그림 2-62

52 레이어에서 레이어3의 체크를 해제하여 숨기기를 해주세요.

74

그림 2-63

53 레이어2를 선택하여 더 큰 별을 찍어주세요.

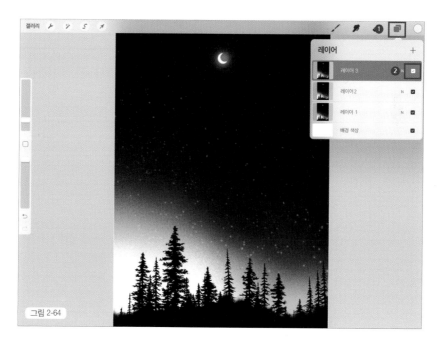

그림 2-64

54 레이어에서 레이어3의 체크를 설정하여 다시 보이게 해주세요.

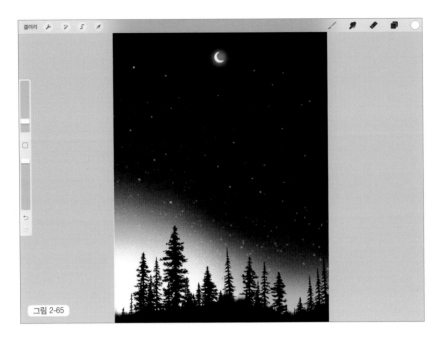

그림 2-65

55 레이어3을 선택하여 더 큰 별을 찍어주세요.

그림 2-66

56 동작 - 캔버스 - 애니메이션 어시스트를 활성화시켜주세요.

그림 2-67

57 설정 - 초당 프레임을 슬라이드하여 3 - 핑퐁 - 재생을 터치해줍니다.

그리기 가이드를 사용하면 좀 더 쉽게 풍경이나 건축물을 그릴 수 있습니다. 스케치를 하기
전 그리기 가이드를 사용하는 방법을 익혀봅시다.

그림 2-68

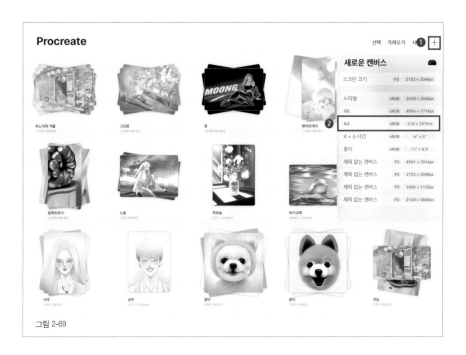

그림 2-69

01 우측 상단의 +를 터치한 뒤 A4 사이즈를 터치하여 새로운 캔버스를 제작해주세요.

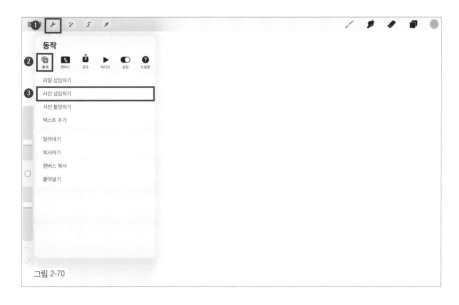

그림 2-70

02 **동작 – 추가 – 사진 삽입하기**를 터치하여 수영장.jpg를 왼쪽에 위치한 후 변형툴을 꺼주
세요.

그림 2-71

03 동작 - 캔버스 - 그리기 가이드를 활성화시켜주세요.

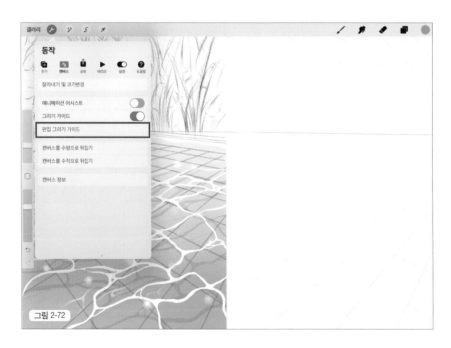

그림 2-72

04 편집 그리기 가이드를 터치해주세요.

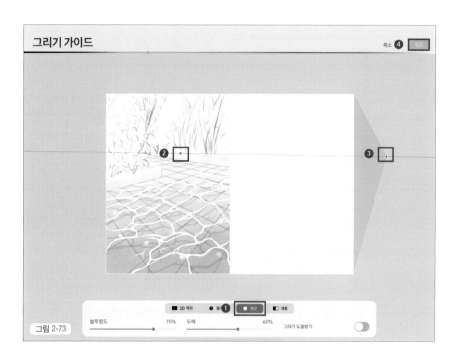

그림 2-73

05 **원근 – 소실점**을 좌측 상단과 우측 상단에 수영장의 타일선에 맞추어서 설정한 후 완료를 터치해주세요.

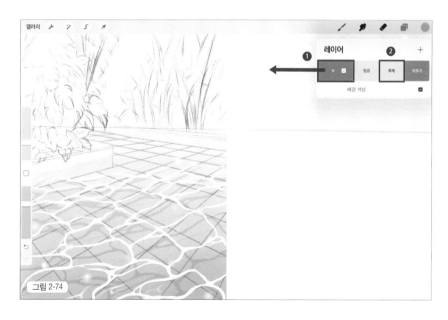

그림 2-74

06 레이어에서 레이어를 왼쪽으로 당겨 복제를 터치해주세요.

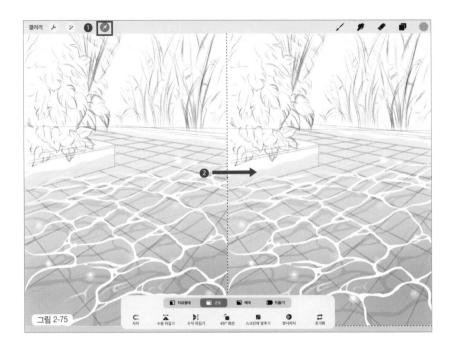

그림 2-75

07 복사한 레이어를 선택한 후 변형툴을 터치하고 오른쪽으로 드래그하여 위치해주세요.

그림 2-76

08 두 개의 손가락을 오른쪽으로 스와이프하여 알파채널 잠금을 해주세요.

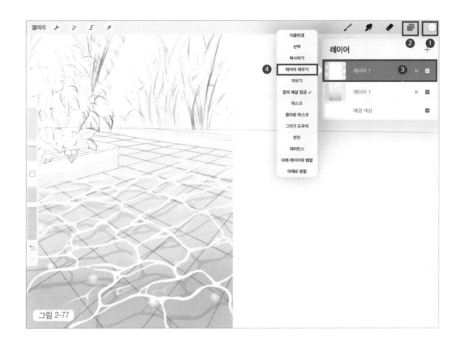

그림 2-77

09   색상은 흰색(16진값: ffffff)으로 선택하고 **레이어 – 레이어 채우기**를 터치해주세요.

그림 2-78

10   레이어에서 우측 상단의 +를 터치하여 새로운 레이어를 추가해주세요.

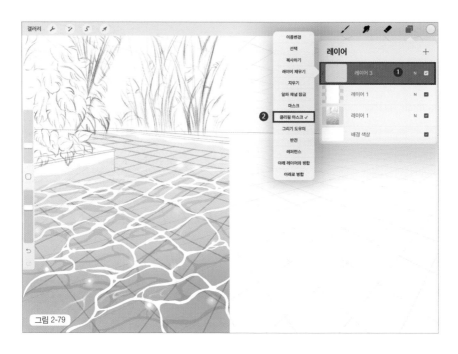

그림 2-79

11 추가된 레이어 – 클리핑 마스크를 터치해주세요.

편집 그리기 가이드 – 원근을 활용하여 배경을 스케치하면 투시가 있는 배경을 쉽게 그릴 수 있습니다. 배경 그리기에 어려움이 있었다면 **편집 그리기 가이드 – 원근**을 활용해보세요. 타일은 직선 그리기 기능을 활용해서 투시선에 맞춰서 반듯하게 스케치하면 됩니다.

나뭇잎은 한번에 그리는 것보다는 낙서한 듯 자유롭게, 조금 지저분해도 좋습니다. 오히려 잘못된 스케치가 있어야 정답인 선을 찾을 수 있습니다. 필자는 스케치를 대략 2~3회 정도로 표현합니다. 첫 번째는 대략적인 위치, 크기, 기울기를 직선으로 표시하고, 두 번째는 작은 디테일을 표현한 뒤 마지막에 완성된 스케치 선을 그립니다. 이렇게 여러 번의 과정을 통해서 스케치를 하면 정확한 형태를 그릴 수 있습니다.

TIP 테크니컬 연필 브러시를 사용하여 스케치를 하면 실제 연필과 도화지를 사용한 듯한 표현이 가능합니다. 브러시의 크기가 너무 작기 때문에 브러시 스튜디오에서 크기를 최대로 설정해주면 됩니다. 내가 원하는 연필의 느낌을 더 찾고 싶다면 **브러시 스튜디오 - 그레인 - 비율**을 왼쪽으로 슬라이드하여 낮추면 됩니다.

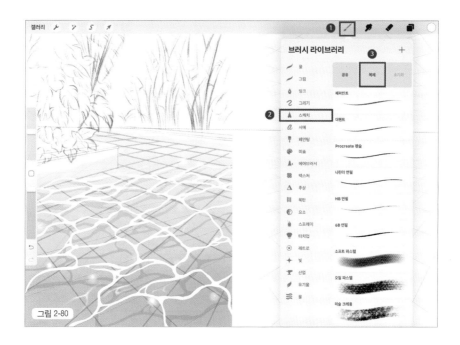

그림 2-80

12 브러시 – 스케치 – 테크니컬 연필을 왼쪽으로 당겨 복제해주세요.

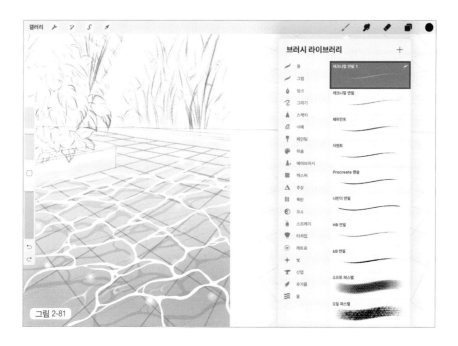

그림 2-81

13 복제된 브러시를 터치하면 브러시 스튜디오가 실행됩니다.

그림 2-82

14 속성 – 브러시 특성 – **최대 크기**를 오른쪽으로 슬라이드하여 최대로 설정한 후 완료를 터치해주세요.

그림 2-83

15 위치, 크기, 기울기를 가장 크고 중요한 것부터 스케치해주세요.

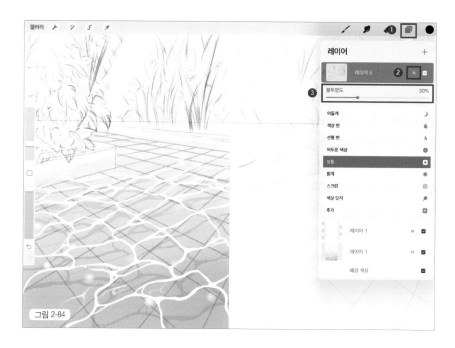

그림 2-84

16 스케치 레이어 – 블렌드 모드 N – 불투명도를 왼쪽으로 슬라이드하여 30%로 설정해주
세요.

그림 2-85

17 레이어에서 우측 상단의 +를 터치하여 새로운 레이어를 추가해주세요.

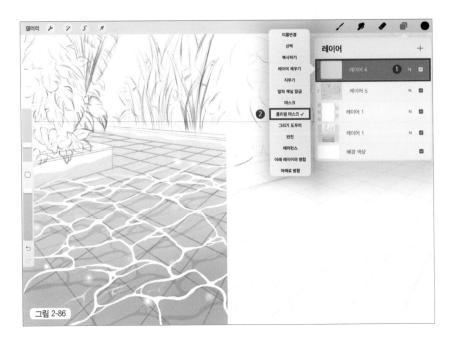

그림 2-86

18 레이어에서 클리핑 마스크를 터치해주세요.

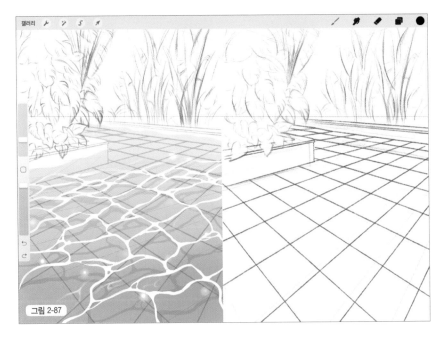

그림 2-87

19 좀 더 자세한 스케치와 가이드라인에 맞추어 수영장 타일을 표현해주세요. 직선 그리

기를 사용한다면 좀 더 쉽게 반듯한 스케치를 하실 수 있습니다. 브러시의 필압을 조절하여 자연스러운 스케치를 표현해주세요. 시작, 끝, 꺾어지는 부분의 힘을 준다면 멋스러운 스케치를 완성할 수 있습니다.

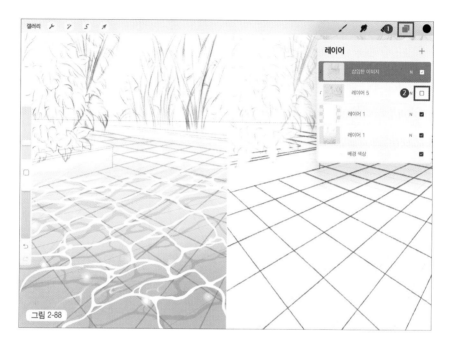

그림 2-88

20 레이어에서 처음 그린 스케치 레이어의 체크박스를 해제하여 숨기기를 해주세요.

수영장 물 표현을 배워보겠습니다. 너무 어려워 보이는 소재인데요. 아주 쉽게 물을 표현하는 방법이 있습니다. 영상을 보며 차근차근 익혀봅시다.

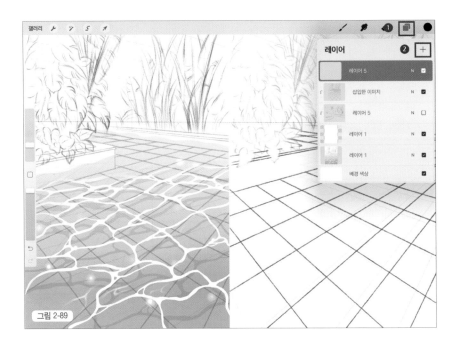

그림 2-89

21 레이어에서 우측 상단의 +를 터치하여 새로운 레이어를 추가해주세요.

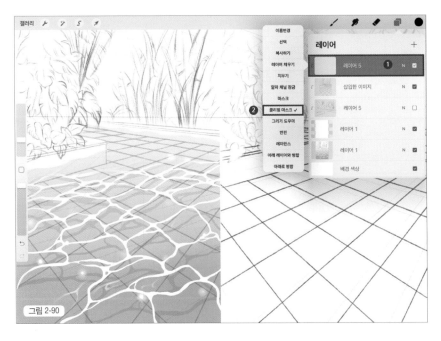

그림 2-90

22 레이어에서 클리핑 마스크를 터치해주세요.

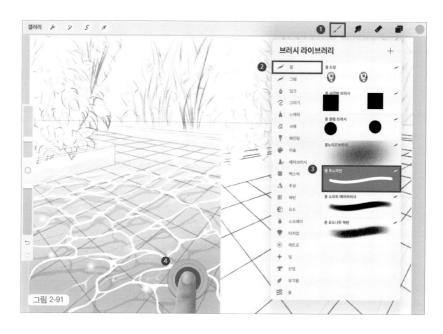

그림 2-91

23 **브러시 – 뭉 – 뭉 모노라인**을 선택, 색상은 예시자료의 하늘색을 손가락으로 길게 터치하여 스포이드 해주세요. (16진값: b3e8ff)

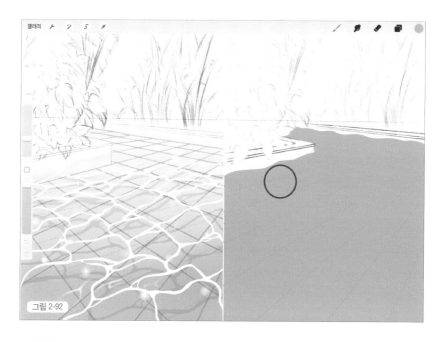

그림 2-92

24 수영장 물이 들어가는 부분을 채색해주세요.

그림 2-93

25 물 레이어에서 두 개의 손가락을 오른쪽으로 밀어 알파채널 잠금을 해주세요.

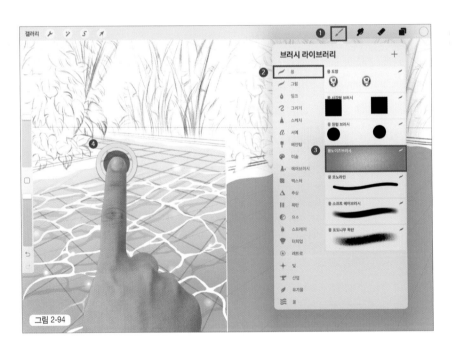

그림 2-94

26 브러시 - 뭉 - 뭉 노이즈브러시를 선택, 색상은 예시 자료의 하늘색을 손가락으로 길게
터치하여 스포이드 해주세요. (16진값: 6fc7f9)

그림 2-95

27 자연스럽게 그라데이션 해주세요.

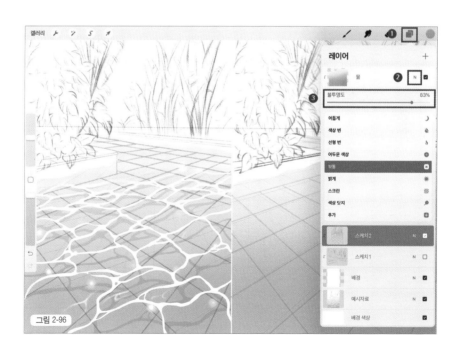

그림 2-96

28 레이어 - 물 레이어의 블렌드 모드 N - 불투명도를 80%로 설정해주세요.

물의 묘사를 익혀봅시다. 반짝이는 물빛도 표현합니다. 다양한 블렌드 모드의 사용이 이루어지니 영상을 보며 차근차근 익혀보겠습니다.

그림 2-97

29 레이어에서 우측 상단의 +를 터치하여 새로운 레이어를 추가해주세요.

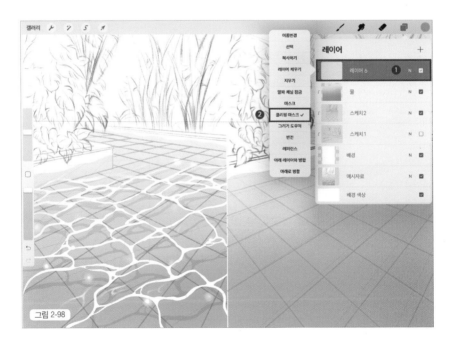

그림 2-98

30 레이어에서 클리핑 마스크를 터치해주세요.

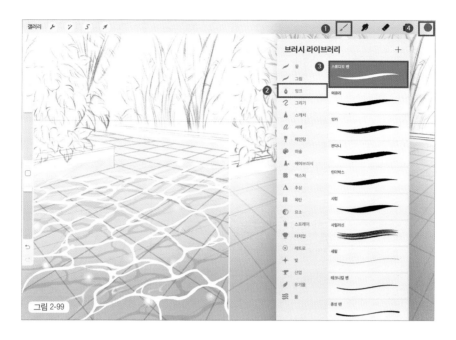

그림 2-99

31 브러시 - 잉크 - 스튜디오 펜을 선택, 색상은 회색 계열을 선택해주세요.

그림 2-100

32 일그러진 사각형의 모양으로 자유롭게 스케치해주세요. 앞에 있는 물 표현은 크게, 뒤로 갈수록 점점 작아지도록 그려주세요.

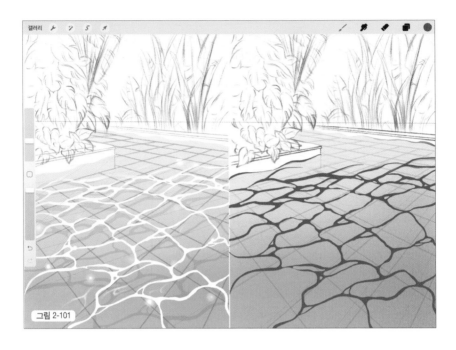

그림 2-101

33 물의 묘사를 조금씩 다듬어주세요.

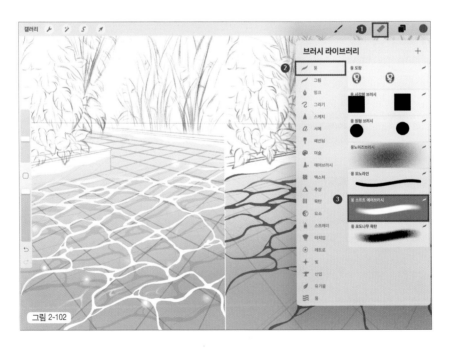

그림 2-102

34 지우개 – 뭉 – 뭉 소프트 에어브러시를 터치해주세요.

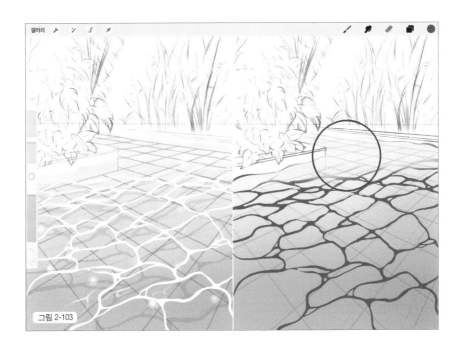

그림 2-103

35 멀리 있는 물의 표현을 자연스럽게 그라데이션하여 지워주세요.

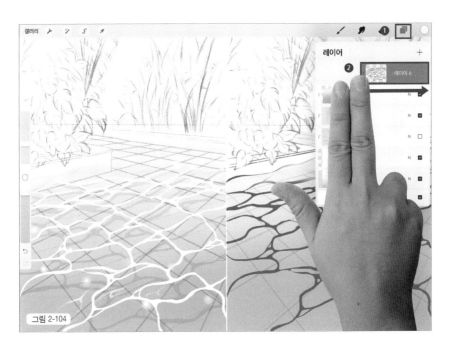

그림 2-104

36 물 묘사 레이어 위에서 두 개의 손가락을 오른쪽으로 밀어 알파채널 잠금을 해주세요.

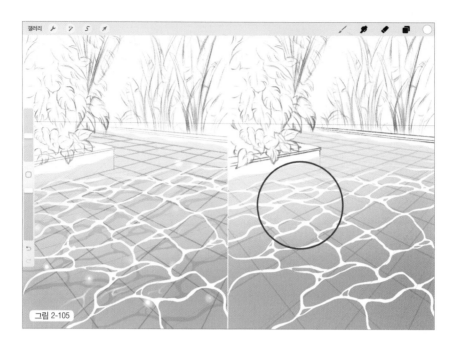

그림 2-105

37 흰색으로 채색해주세요. (16진값: ffffff)

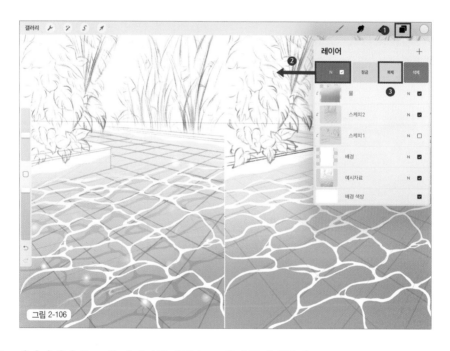

그림 2-106

38 레이어에서 물 묘사 레이어를 왼쪽으로 당겨 복제해주세요.

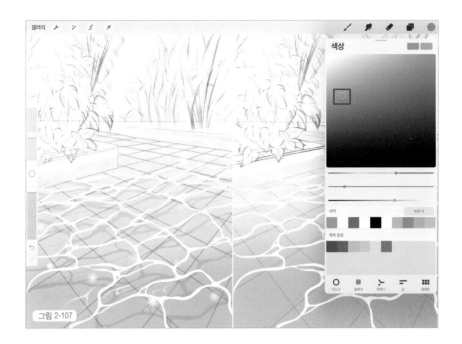

그림 2-107

39 색상을 회색 계열로 선택해주세요.

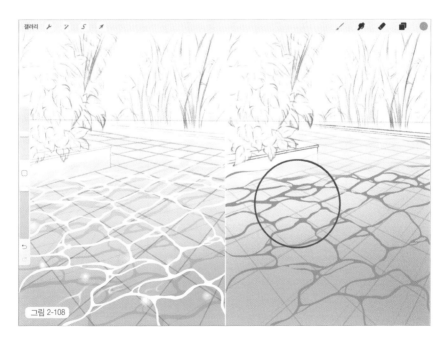

그림 2-108

40 회색 계열로 채색해주세요.

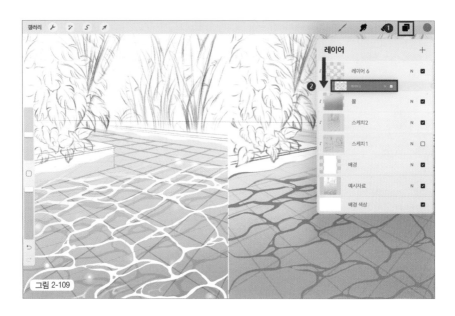

그림 2-109

41 레이어에서 회색 물 묘사 레이어를 길게 터치한 채로 흰색 물 묘사 레이어 아래로 드래그하여 이동해주세요.

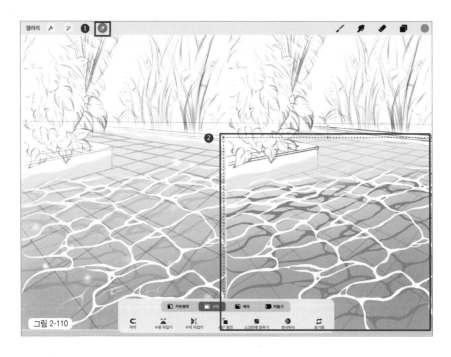

그림 2-110

42 변형툴을 터치한 뒤 크기를 조금 늘리고 위치를 우측 하단으로 이동해주세요.

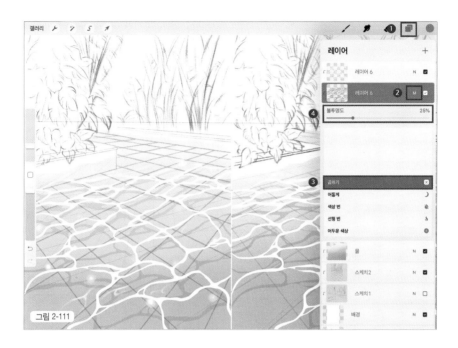

그림 2-111

43 레이어 – 회색 물 묘사 레이어의 블렌드 모드 N – 곱하기 – 불투명도를 왼쪽으로 슬라이드 하여 25%로 설정해주세요.

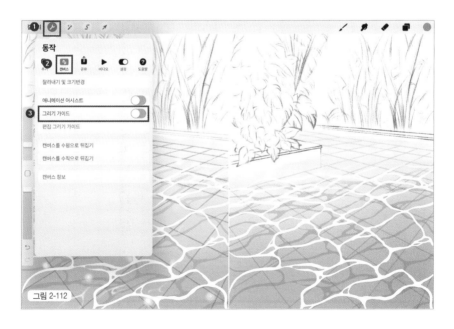

그림 2-112

44 동작 – 캔버스 – 그리기 가이드를 꺼주세요.

그림 2-113

45 레이어에서 우측 상단의 +를 터치하여 새로운 레이어를 추가해주세요.

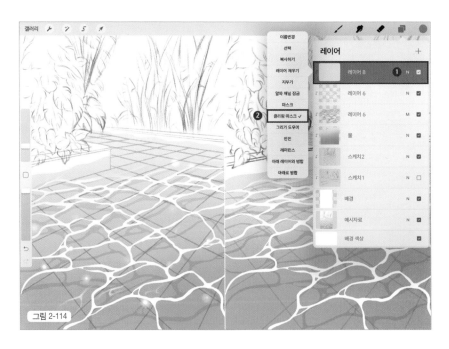

그림 2-114

46 레이어에서 클리핑 마스크를 터치해주세요.

그림 2-115

47 레이어 – 블렌드 모드 N – 추가를 터치해주세요.

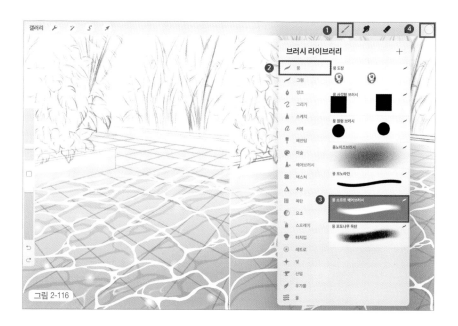

그림 2-116

48 브러시 – 뭉 – 뭉 소프트 에어브러시를 선택, 색상은 밝은 하늘색을 선택해주세요. (16진 값: d8f3ff)

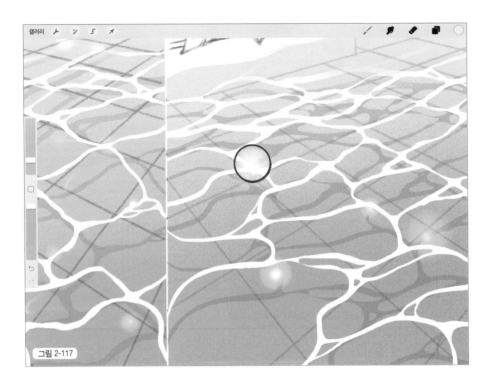

그림 2-117

49   가볍게 톡톡 두드리듯 물의 반짝임을 채색해주세요.

공유

이미지 또는 레이어를 다양한 확장자 형태로 공유할 수 있습니다. 사용 목적에 따라 알맞은
포맷으로 공유합니다.

이미지 공유

❶ Procreate: 프로크리에이트의 기본 파일 형식으로 레이어, 타임랩스 등 작업된 상태 그대
  로 저장할 수 있습니다.

❷ PSD: 레이어를 작업된 상태 그대로 저장할 수 있으며 포토샵 프로그램과 호환이 가능합
  니다.

그림 2-118

❸ PDF: 인쇄를 할 경우에 사용합니다.

❹ JPEG: 압축률이 뛰어나며 웹에서 많이 사용합니다.

❺ PNG: 색상 정보와 알파채널을 보존하고 투명한 이미지로 저장할 수 있습니다.

❻ TIFF: 이미지의 화질을 보존하여 저장합니다.

레이어 공유

❼ PDF: 레이어가 분리되어 있는 PDF 파일로 공유됩니다.

❽ PNG: 레이어가 분리되어 있는 투명한 이미지로 공유됩니다.

❾ 움직이는 GIF: 움직이는 파일로 공유됩니다.

❿ 움직이는 PNG: 배경이 투명한 움직이는 파일로 공유됩니다.

⓫ 동영상 MP4: 동영상 파일로 공유됩니다.

비디오

프로크리에이트는 작업 과정 전체를 언제든 공유할 수 있는 타임랩스 비디오 형태로 기록합니다. 작업이 시작된 이후에는 기본 설정을 변경할 수 없지만, 사용자지정 캔버스 타임랩스 설정 메뉴에서 1080p, 2K, 4K와 녹화 퀄리티를 미리 설정한 후 작업을 진행하면 설정된 값으로 적용되어 녹화가 진행됩니다.

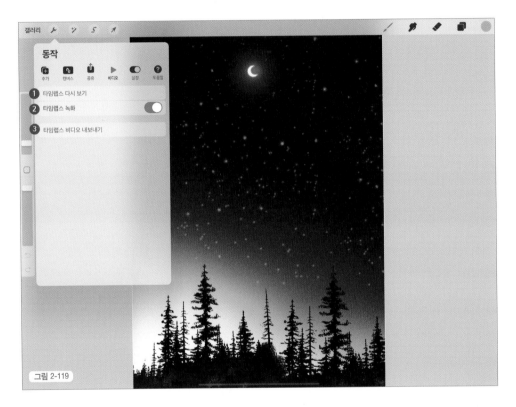

그림 2-119

❶ **타임랩스 다시 보기**: 녹화된 작업 과정을 볼 수 있으며 손가락으로 화면 슬라이드 시 재생 중인 장면을 자유롭게 지정할 수 있습니다.

❷ **타임랩스 녹화**: 타임랩스 녹화 기능을 꺼둘 수도 있으며, 활성화되어 있을 경우 모든 작업 과정이 녹화됩니다.

❸ **타임랩스 내보내기**: 녹화된 작업 과정을 전체 길이 또는 30초로 선택하여 내보낼 수 있습니다.

자신이 그린 그림의 과정을 다시 볼 수 있어서 복습할 경우 아주 좋은 방법이랍니다.

그림 2-120

01   동작 – 비디오 – 타임랩스 다시 보기를 터치합니다.

그림 2-121

02   손가락을 이용해서 왼쪽으로 슬라이드하면 되감기, 오른쪽으로 슬라이드하면 빨리감
기 기능을 실행할 수 있습니다.

그림 2-122

01 동작 – 비디오 – 타임랩스 비디오 내보내기를 터치합니다.

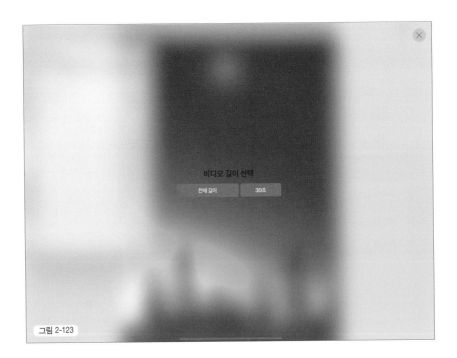

그림 2-123

02 전체 길이 또는 30초로 길이를 선택하여 내보냅니다. 녹화된 비디오는 iOS 파일 앱이
나 연동된 앱에서 자유롭게 공유가 가능합니다.

설정

제스처 제어, 프로크리에이트의 인터페이스를 자유롭게 조정할 수 있습니다.

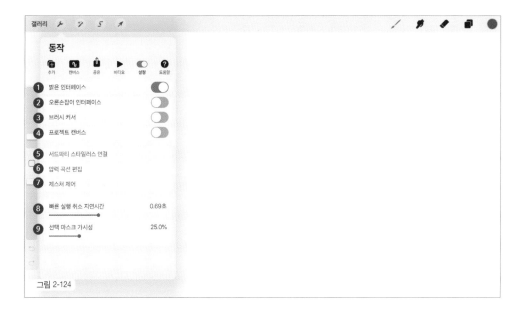

그림 2-124

❶ **밝은 인터페이스**: 인터페이스의 색상을 밝은 회색, 짙은 회색 중에서 선택할 수 있습니다.

❷ **오른손잡이 인터페이스**: 오른손잡이 인터페이스를 활성화시키면 사이드바가 오른쪽에 위치합니다. 사용하기 편한 방향에 위치할 수 있도록 조절하여 사용합니다.

❸ **브러시 커서**: 브러시 커서를 활성화시키면 채색할 브러시의 크기를 미리 실선으로 확인할 수 있습니다. 채색할 때에 아주 유용한 기능이니 반드시 활성화시켜서 작업을 진행합니다.

❹ **프로젝트 캔버스**: 다른 모니터로 아이패드를 보여줄 때 선택하는 기능으로 활성화시키면 모니터에는 캔버스만 보입니다.

❺ **서드파티 스타일러스 연결**: 타사의 펜슬을 연결할 때 사용하는 기능입니다. Adoint, Pogo Connect, Wacom 펜슬이 연결 가능합니다. 애플펜슬을 사용하고 있다면 연결 설정 없이 곧바로 사용할 수 있습니다.

❻ **압력 곡선 편집**: 타사의 펜슬을 사용할 경우에는 필압 조정이 가능합니다. 세로 축은 '압력'을 뜻하며, 가로 축은 '출력'을 뜻합니다. 왼쪽으로 선을 가까이 두면 약한 압력에도 펜이 민감하게 반응하고, 오른쪽으로 선을 가까이 두면 둔감해집니다.

❼ **제스처 제어**: 프로크리에이트에서 사용하는 모든 제스처의 속성을 조정할 수 있는 기능입니다.

❽ **빠른 실행 취소 지연 시간**: 실행 취소를 하기 위해 두 손가락을 사용하는데, 두 손가락으로 터치를 유지하면 실행 취소가 연이어 실행됩니다. 이때, 설정한 지연된 시간만큼의 간격을 두고 실행되는데 이 간격을 설정할 수 있습니다.

❾ **선택 마스크 가시성**: 마스크는 반투명으로 기본 설정되어 있는데, 선택 마스크 가시성 슬라이더를 사용하여 투명도를 조절할 수 있습니다.

예제 01 채색 전 브러시 커서의 크기 확인하기

브러시 커서가 활성화되어 있지 않으면 그림 그리기에 아주 불편하답니다. 반드시 활성화시킨 채로 그림을 그려주세요. 자신이 채색할 영역이 어느 정도인지 확인한 후에 채색을 진행합니다.

그림 2-125

01 동작 – 설정 – 브러시 커서를 터치하여 활성화시켜주세요.

그림 2-126

02 브러시 – 뭉 – 뭉 소프트 에어브러시를 터치해주세요.

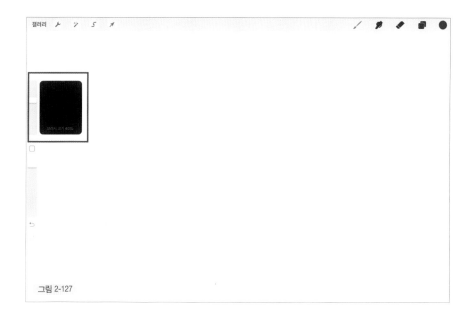

그림 2-127

03 슬라이드바를 조정하여 브러시 크기를 40%로 맞춰주세요.

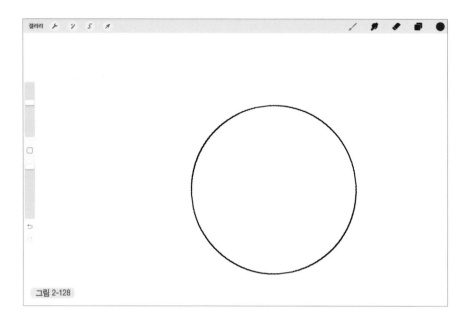

그림 2-128

04 화면에 애플펜슬을 살짝 터치하면 위의 그림과 같이 검은색 실선으로 브러시 커서의 크기가 미리보기 됩니다.

도움말

그림 2-129

❶ **구매내역 복원(Restore Purchases):** 현재는 in-app purchases(앱 내 구매)를 지원하고 있지 않지만 과거 버전에서는 가능합니다. 이전 버전의 프로크리에이트를 재설치하고 나면 해당 사용자 계정으로 구매했던 품목들을 확인할 수 있습니다.

❷ **고급 설정:** 아이패드의 설정 앱 > 프로크리에이트 설정 메뉴로 이동하여 사진 앱으로 접근, 언어 설정 등을 수정할 수 있습니다.

❸ **Procreate 핸드북:** 프로크리에이트 가이드북으로 연결되는 링크로 브라우저를 통해 볼 수 있습니다.

❹ **Procreate 학습하기:** 1-2분 정도의 짧은 비디오 튜토리얼을 유튜브 영상으로 볼 수 있습니다.

❺ **고객 지원:** 포럼의 커뮤니티에 질문, 고객 지원팀에게 문의할 때 사용합니다.

❻ **Procreate 포트폴리오:** 프로크리에이트 커뮤니티에 가입하고, 작품을 공유하기 위해 사용합니다.

❼ **리뷰 남기기:** 앱스토어로 이동하여 프로크리에이트의 평가 리뷰를 남길 수 있는 기능을 제공합니다.

02

프로크리에이트 메뉴바
- 조정

이미지의 다양한 효과와 색조, 채도, 밝기, 균형을 조정할 수 있는 기능입니다. 다양한 기능으로 더 효과적인 이미지를 창작해봅시다.

조정

1 불투명도
2 가우시안 흐림 효과
3 움직임 흐림 효과
4 투시도 흐림 효과
5 선명 효과
6 노이즈 효과
7 픽셀 유동화
8 복제

9 색조, 채도, 밝기
10 색상 균형
11 곡선
12 재채색

그림 2-130

❶ **불투명도**: 이미지의 투명도를 조절합니다. 상단의 슬라이드바를 보며 화면을 드래그하면서 투명도를 조절합니다.

❷ **가우시안 흐림 효과**: 이미지의 흐림 효과를 조절합니다. 상단의 슬라이드바를 보며 화면을 드래그하면서 흐림 효과를 조절합니다. 배경의 흐림 효과를 나타낼 때 자주 이용합니다.

❸ **움직임 흐림 효과**: 움직임 흐림 효과로 부드럽게 빠른 움직임의 잔상을 생성할 수 있습니다.

❹ **투시도 흐림 효과**: 이미지를 부드럽게 줌하여 표현할 수 있습니다.

❺ **선명 효과**: 보다 선명하고 포커싱된 이미지를 표현하기 위한 미세한 디테일을 향상시킵니다.

❻ **노이즈 효과**: 오래된 필름과 같은 느낌을 표현하기 위해 그레인을 추가합니다.

❼ **픽셀 유동화**: 이미지를 왜곡할 수 있는 기능으로 밀기, 비틀기 시계 방향, 비틀기 반시계 방향, 꼬집기, 확장, 결정, 모서리, 재구성, 조정 등의 기능이 있습니다.

❽ **복제**: 이미지의 한 부분을 캔버스의 다른 부분에 빠르고 자연스럽게 복제할 수 있습니다.

❾ **색조, 채도, 밝기**: 이미지의 색조와 채도, 밝기를 조절합니다.

❿ **색상 균형**: 이미지의 어두운 영역, 중간 색조, 밝은 영역으로 구분하여 원하는 색상으로 변경할 수 있습니다.

⓫ **곡선**: 이미지의 명도와 대비를 조정하는 기능입니다. 곡선을 드래그하여 조절할 수 있습니다.

⓬ **재채색**: 다른 색상으로 다시 채색할 수 있는 기능입니다.

예제파일 - 목화솜.jpg

그림 2-131

〈원본〉

그림 2-132

〈불투명도〉

그림 2-133

〈가우시안 흐림 효과〉

그림 2-134

〈움직임 흐림 효과〉

그림 2-135

〈투시도 흐림 효과〉

〈선명 효과〉

〈노이즈 효과〉

레트로 스타일의 그림이 아주 유행이지요. 자글자글한 오래된 TV화면과 비슷한 효과를 표현해주세요.

01   **동작 - 추가 - 사진 삽입하기**로 고요함.jpg를 삽입합니다.

02   **조정 - 노이즈 효과**를 터치합니다.

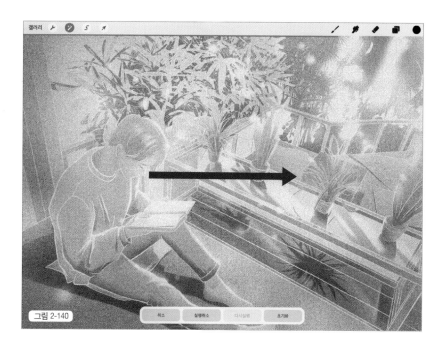

그림 2-140

03 화면을 좌우로 슬라이드하여 80%로 설정합니다.

그림 2-141

04 조정툴을 터치하여 꺼줍니다.

〈원본〉

〈노이즈 효과 적용 후〉

120

픽셀 유동화를 사용해서 얼굴을 보정할 수 있습니다. 포토샵 부럽지 않은 보정 기능! 같이 익혀봅시다.

그림 2-144

01 우측 상단의 +를 터치한 다음 새로운 캔버스 ▬ 를 터치합니다.

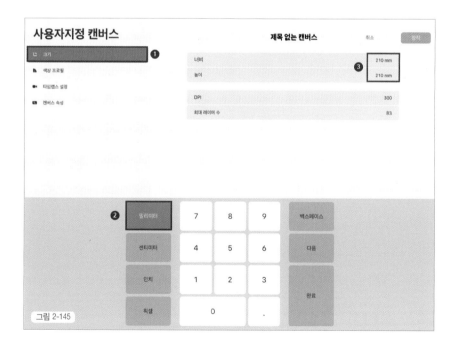

그림 2-145

02 크기 – 밀리미터 – 너비, 높이를 210mm로 지정한 후 창작을 터치해주세요.

그림 2-146

03 **동작 – 추가 – 사진 삽입하기**로 이미지를 삽입합니다.

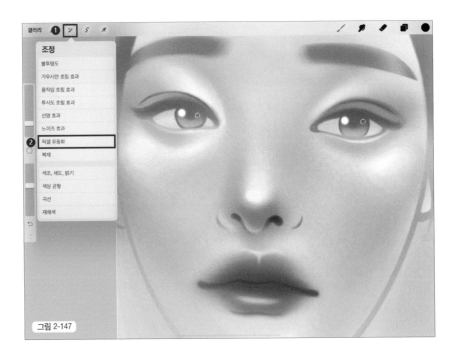

그림 2-147

04 **조정 – 픽셀 유동화**를 터치합니다.

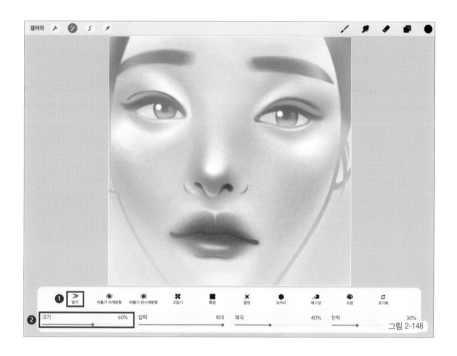

그림 2-148

05 하단의 메뉴바에서 **밀기 – 크기** 60%로 조정한 후 턱선을 다듬어줍니다.

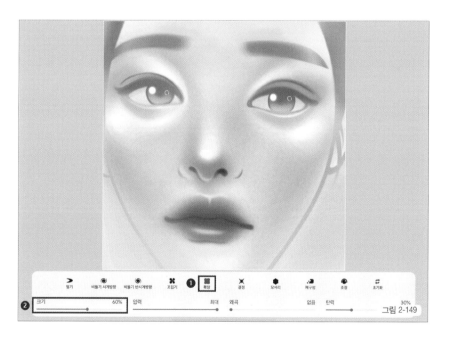

그림 2-149

06 하단의 메뉴바에서 **확장 – 크기** 60%로 조정한 후 눈을 더 크게 만들어줍니다.

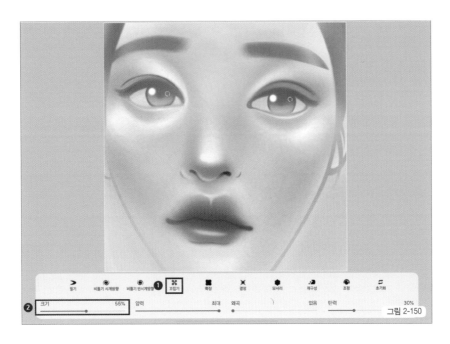

그림 2-150

07 하단의 메뉴바에서 **꼬집기 - 크기** 55%로 조정한 후 콧볼을 축소합니다.

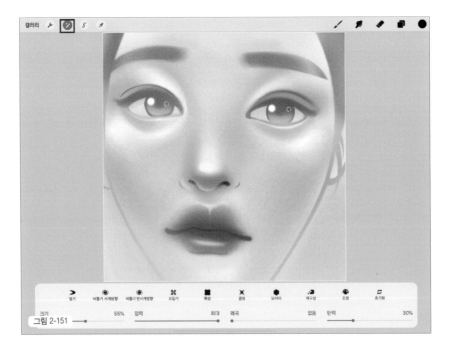

그림 2-151

08 조정툴을 터치하여 꺼줍니다.

그림 2-152

〈원본〉

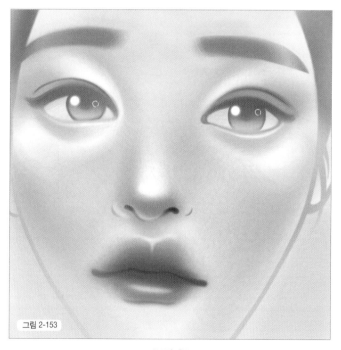

그림 2-153

〈보정 후〉

예제파일 - 인물화.jpg

분위기 있는 흑백 사진을 만들어봅시다. 흑백 이미지에 다양한 효과를 주어서 더 풍성한 효과를 표현해봅니다.

그림 2-154

01 우측 상단의 +를 터치한 후 을 터치합니다.

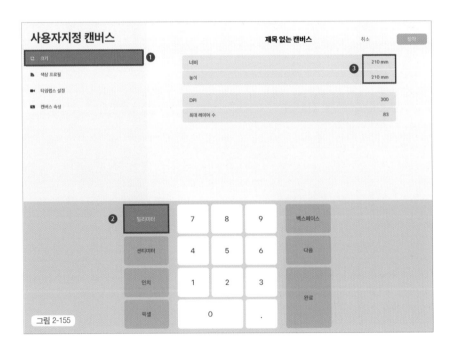

그림 2-155

02 크기 – 밀리미터 – 너비, 높이를 210mm로 지정한 후 **창작**을 터치해주세요.

126

그림 2-156

03 **동작 – 추가 – 사진 삽입하기**로 이미지를 삽입해주세요.

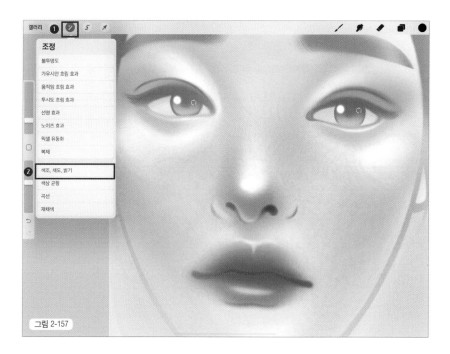

그림 2-157

04 **조정 – 색조, 채도, 밝기**를 터치합니다.

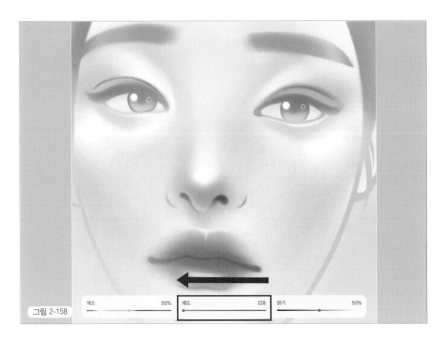

그림 2-158

05 하단의 메뉴바에서 채도를 왼쪽으로 슬라이드하여 0%로 설정합니다.

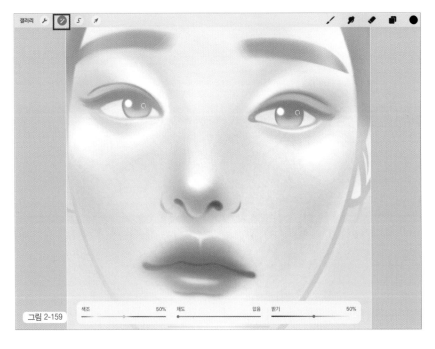

그림 2-159

06 조정툴을 터치하여 꺼줍니다.

128

〈수정 전〉

〈수정 후〉

그림을 완성할 때 가장 많이 쓰이는 기능입니다. 그림을 출력할 때에도 많이 쓰이니 차근차근 익혀봅시다.

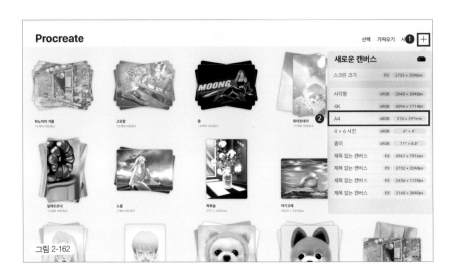

그림 2-162

01 우측 상단의 +를 터치한 후 A4 사이즈를 터치하여 새로운 캔버스를 제작합니다.

그림 2-163

02 **동작 – 추가 – 사진 삽입하기**로 이미지를 삽입합니다.

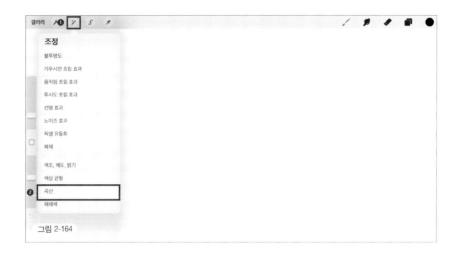

그림 2-164

03 **조정 – 곡선**을 터치합니다.

그림 2-165

04 그래프에서 점을 하단에 한 개, 상단에 한 개를 찍어줍니다.

그림 2-166

05 하단의 점은 아래로 내릴수록 어두운 부분이 더 어두워지며, 상단의 점은 위로 올릴수록 밝은 부분이 더 밝아집니다.

그림 2-167

06 조정툴을 터치하여 꺼줍니다.

그림 2-168

〈원본〉

그림 2-169

〈수정 후〉

마블링을 활용한 포스터, 제품을 많이 보셨을 텐데요. 수작업으로만 표현될 것 같았던 우연의 기법이 디지털 페인팅으로도 충분히 가능하답니다. 픽셀 유동화를 활용한 마블링 포스터 만들기! 지금부터 차근차근 따라해봅시다.

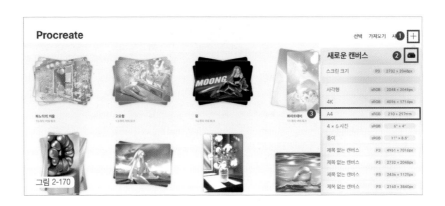

그림 2-170

01   우측 상단의 +를 터치한 후 A4 사이즈를 터치하여 새로운 캔버스를 제작해주세요.

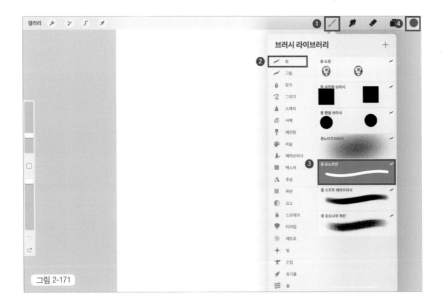

그림 2-171

02   브러시 – 뭉 – 뭉 모노라인 터치, 색상은 자유롭게 선택합니다.

134

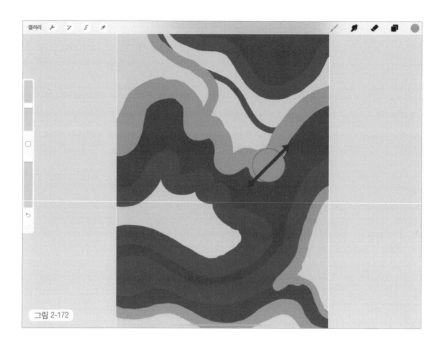

그림 2-172

03 자유롭게 채색해주세요. 우연적인 기법이니 어떤 모양이든 좋습니다.

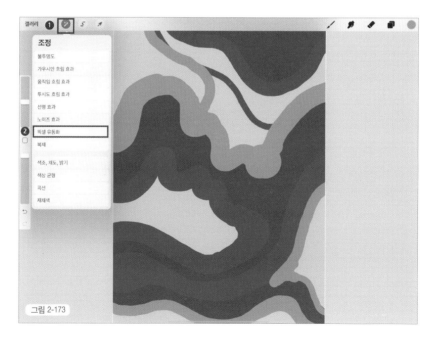

그림 2-173

04 **조정 - 픽셀 유동화**를 터치해주세요.

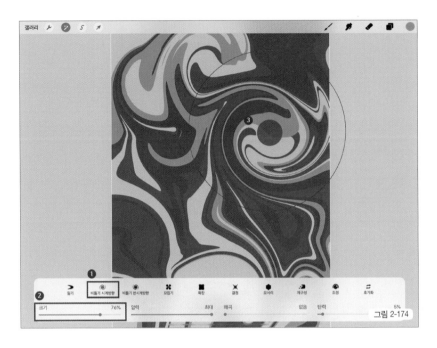

그림 2-174

05 좌측 하단의 **비틀기 시계방향 - 크기** 76%로 설정하고 화면을 길게 터치해주세요.

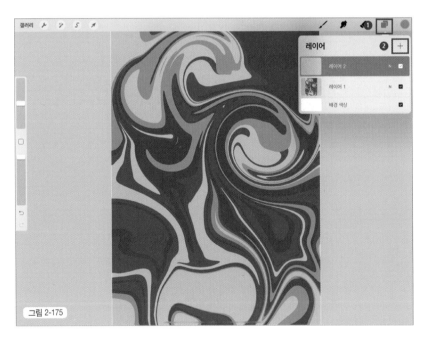

그림 2-175

06 레이어에서 우측 상단의 +를 터치하여 새로운 레이어를 추가해주세요.

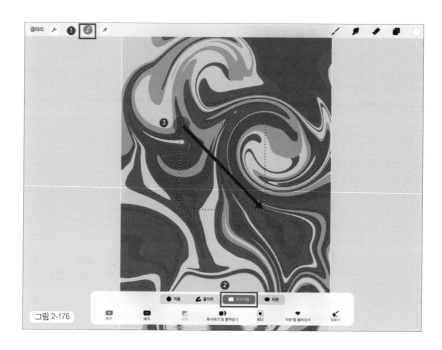

그림 2-176

07 선택툴에서 직사각형을 터치한 후 화면에 드래그해주세요.

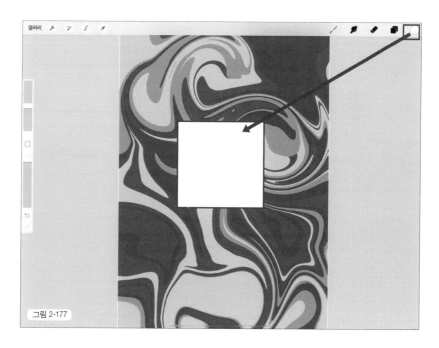

그림 2-177

08 색상은 흰색(16진값: ffffff)을 선택하여 네모 칸 안에 드래그해주세요.

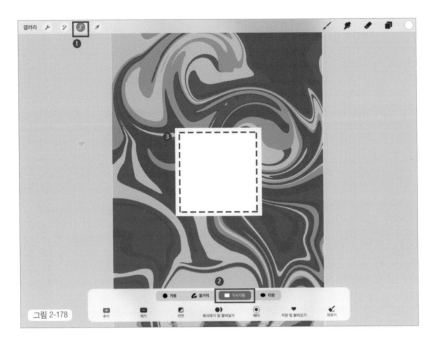

그림 2-178

09 선택툴에서 직사각형을 터치한 후 사각형 중간 부분에 드래그해주세요.

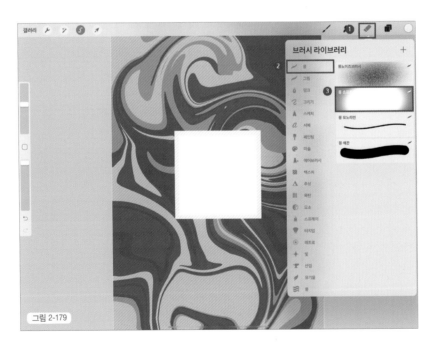

브러시 라이브러리

그림 2-179

10 지우개 – 뭉 – 뭉 소프트 에어브러시를 선택해주세요.

그림 2-180

11 선택한 부분을 지우개로 지우고 선택툴을 터치하여 꺼주세요.

그림 2-181

12 동작 – 추가 – 텍스트 추가를 터치해주세요.

그림 2-182

13 원하는 텍스트를 입력해주세요.

그림 2-183

14 사각형의 가운데로 이동하기 위해서 변형툴에서 균등을 터치한 뒤 화면을 드래그해줍
니다.

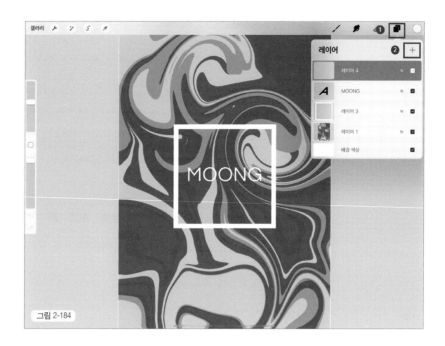

그림 2-184

15 레이어에서 우측 상단의 +를 터치하여 새로운 레이어를 추가해주세요.

그림 2-185

16 레이어에서 새로운 레이어를 길게 터치하여 사각형 레이어의 아래로 이동해줍니다.

그림 2-186

17 연보라 색상을 선택하여 화면에 드래그합니다.

그림 2-187

18 레이어 – 블렌드 모드 N – 곱하기를 터치하여 불투명도 30 %로 설정해주세요.

프로크리에이트

T o o l

익   히   기

·

CHAPTER

3

CHAPTER

3

01

TOOL 도구 - 선택

선택툴의 메뉴 인터페이스 익히기

원하는 영역을 지정할 수 있는 툴입니다. 자동, 올가미, 직사각형, 타원 모양의 영역을 선택하여 이미지를 변경할 때 사용합니다. 원하는 영역의 선택을 완료하면 해당 영역에 색칠하기, 문지르기, 지우기, 색 채우기가 가능합니다. 선택 영역을 취소하려면 왼쪽 상단의 '선택' 메뉴를 다시 한 번 터치하면 취소가 완료됩니다.

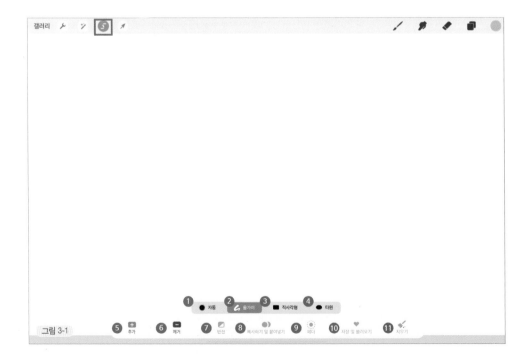

그림 3-1

❶ 자동: 선택하고자 하는 이미지 혹은 모양을 선택하면 자동으로 해당 이미지가 선택됩니다. 자동으로 선택된 이미지의 경계를 좀 더 섬세하게 선택하려면 손가락으로 왼쪽, 오른쪽으로 드래그해보면 알 수 있습니다. 왼쪽으로 드래그하면 선택된 부분의 영역이 줄어들고 오른쪽 드래그는 선택 영역을 증가시킵니다. 선택된 부분 이외의 영역은 빗금 친 영역으로 표시됩니다.

❷ 올가미: 원하는 영역을 자유롭게 드래그하여 선택할 때 사용되며 불규칙한 영역을 선택 영역으로 지정할 수 있습니다.

❸ 직사각형: 사각형으로 영역을 선택할 수 있습니다. 화면에 사각형을 드래그하여 그리며 동시에 왼손으로 화면을 터치하면 정사각형의 영역을 선택할 수 있습니다.

❹ 타원: 타원으로 영역을 선택할 수 있습니다. 화면에 타원을 드래그하여 그리며 동시에 왼손으로 화면을 터치하면 정원의 영역을 선택할 수 있습니다.

❺ 추가: 미리 선택된 영역에 다른 부분을 추가하려면 해당 영역을 터치함으로써 간단히 추가할 수 있습니다. 특정 영역을 손가락으로 그린 부분, 동그라미 등 자유롭게 추가가 가능합니다.

❻ 제거: 기존에 선택된 영역에서 선택한 영역을 삭제합니다.

❼ 반전: 기존에 선택된 영역이 아닌 선택되지 않은 부분을 선택합니다.

❽ 복사하기 및 붙여넣기: 선택된 영역을 복사하거나 붙여넣기 할 수 있습니다.

❾ 패더: 선택한 이미지의 외곽선을 부드럽게 표현합니다. 값이 클수록 외곽선이 부드럽게 표현됩니다. 값이 적을수록 경계가 명확하게 변경됩니다.

❿ 저장 및 불러오기: 선택한 영역을 저장하여 언제든 필요할 때 선택된 영역을 불러오기 할 수 있는 기능입니다.

⓫ 지우기: 현재 선택된 영역을 해제하기 위해 지우기 메뉴를 사용할 수 있습니다. 만약 실수로 지우기를 실행했다면 두 손가락을 터치하여 되돌리기 하거나 스크린 상단의 선택툴을 길게 누르고 있으면 이전에 선택된 영역을 불러올 수 있습니다.

예제파일 - 건물.jpg

선택툴 활용을 하면 아주 편하게 원하는 부분만 색을 바꾸거나 명도, 채도 조절을 할 수 있답니다. 유용한 기능인 선택툴을 사용하여 건물의 색상만 변경해보겠습니다.

그림 3-2

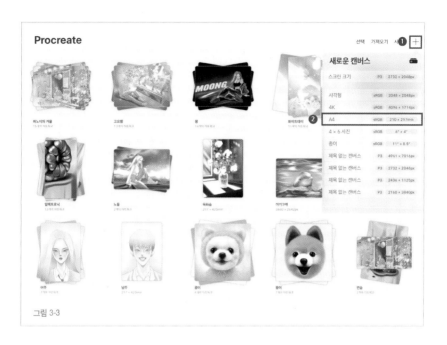

그림 3-3

01   우측 상단의 +를 터치한 후 A4 사이즈를 터치하여 새로운 캔버스를 열어주세요.

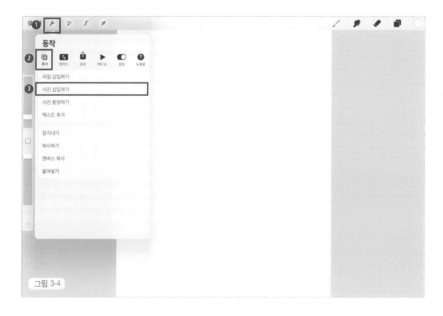

그림 3-4

02   동작 - 추가 - 사진 삽입하기에서 건물.jpg를 삽입해주세요.

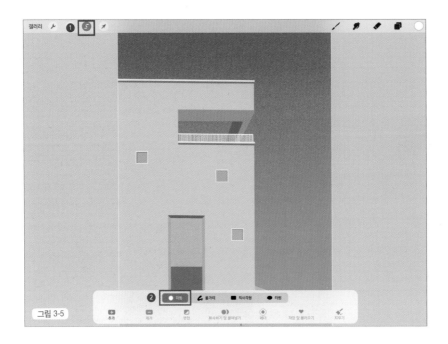

그림 3-5

03 선택툴을 터치한 후 하단의 메뉴바에서 자동을 터치해주세요.

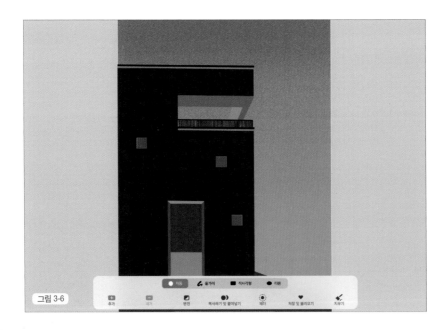

그림 3-6

04 건물 부분을 터치해주세요. 건물의 영역에서 선택이 안 된 부분이 있다면 다른 부분도
    터치하여 건물 부분을 모두 선택해주세요.

그림 3-7

05 조정 – 색조, 채도, 밝기를 터치해주세요.

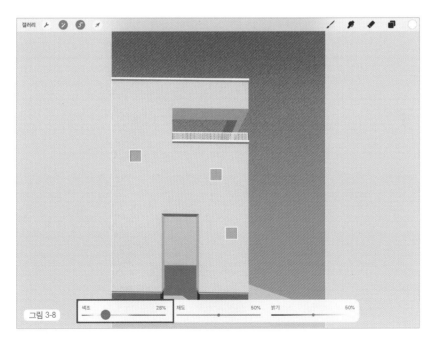

그림 3-8

06 아래 하단의 메뉴바에서 색조바를 스와이프하여 28%로 설정해주세요.

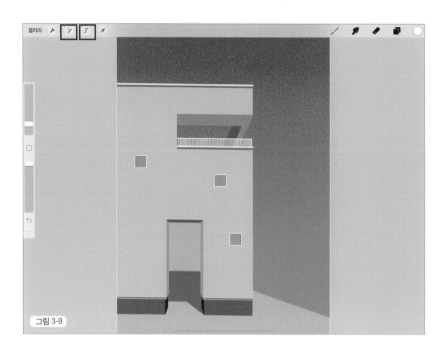

그림 3-9

07 켜져 있던 조정툴, 선택툴을 터치하여 꺼주세요.

CHAPTER 3

02

Tool 도구 - 변형

변형툴의 메뉴 인터페이스 익히기

콘텐츠의 모양과 크기를 조절하는 툴입니다. 변형툴을 터치하면 현재 레이어의 콘텐츠가 자동으로 선택되고, 하단에는 메뉴바가 생성되며 이동, 회전, 모양을 변형, 크기를 조절할 수 있습니다.

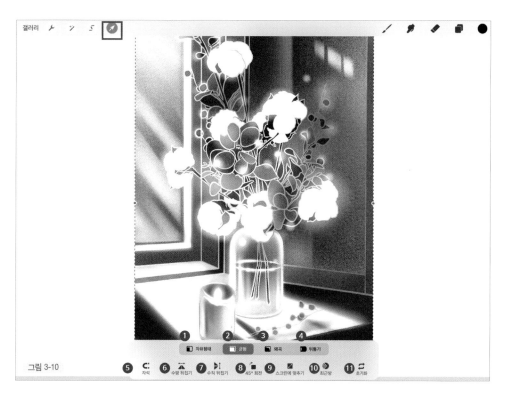

그림 3-10

❶ **자유형태**: 지정된 비율과 관계없이 자유롭게 상하좌우로 늘려 크기를 조절할 수 있습니다.

❷ **균등**: 이미지의 기본 배율을 유지합니다. 세로로 길게 이미지를 키우면 가로도 초기 비율에 따라 확대됩니다.

❸ **왜곡**: 이미지의 모서리 부분을 끌어 자유롭게 왜곡시킬 수 있습니다.

❹ **뒤틀기**: 메쉬형의 가상선이 제공되며 원하는 부분을 드래그하면 삼차원 효과를 만들어 낼 수 있습니다.

❺ **자석**: 자석 메뉴를 터치한 채 이미지의 형태를 변형하면 회전은 스냅 15도씩 회전하며 크기는 스냅 25% 비율로 조정됩니다.

❻ **수평 뒤집기**: 좌우로 이미지 전환을 시켜주는 기능입니다.

❼ **수직 뒤집기**: 상하로 이미지 전환을 시켜주는 기능입니다.

❽ **45도 회전**: 이미지를 시계방향으로 45도 회전시키는 기능입니다.

❾ **스크린에 맞추기**: 스크린 크기로 변환을 선택하면 변형 객체가 즉시 캔버스 크기에 맞춰집니다. 가로, 세로 중에서 작은 부분을 기준으로 스크린 크기에 맞추기 때문에 기존 비율이 깨지면 스크린 크기보다 더 커지는 부분이 생길 수밖에 없게 됩니다. 변형을 완료하면 해당 부분은 잘려 나가게 됨을 유의합니다.

❿ **보간법**: 보간법은 확대, 회전, 변형된 이미지의 픽셀을 조정하기 위해 사용합니다. 다음과 같은 세 가지 기능을 제공합니다.

최근방은 이웃은 보간 지점의 가장 가까운 픽셀 정보를 사용하여 선명하고 정확한 결과를 내지만 고르지 않은 가장자리 이미지가 남을 수 있습니다.

쌍선형식은 보간 지점을 둘러싼 2×2픽셀 영역을 고려하여 최근방보다 조금 부드러운 결과를 제공합니다.

쌍사차식은 보간 지점 기준 4×4픽셀 영역을 고려하여 가장 부드러운 결과를 제공합니다. 샘플 영역이 크면 클수록 더 부드러운 이미지를 나타냅니다.

⓫ **초기화**: 변형하기 모드에서 수행한 모든 작업들을 되돌리는 기능입니다. 콘텐츠는 원래 상태로 되돌아가고 마지막에 수정한 부분만 되돌리고 싶으면 두 손가락으로 실행 취소 기능을 사용하세요.

그림 3-11

01 **동작 – 추가 – 사진 삽입하기**를 터치하여 목화솜.jpg를 삽입합니다.

그림 3-12

02 사진을 삽입하면 자동으로 변형툴이 활성화됩니다.

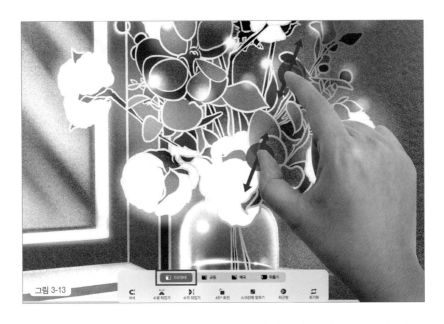

그림 3-13

03 아래 하단의 메뉴 중 자유형태를 터치하고 사각형의 안쪽에서 두 손가락을 오므리면
축소, 벌리면 확대가 됩니다. 자유형태이기 때문에 상하좌우가 자유롭게 축소, 확대됩
니다.

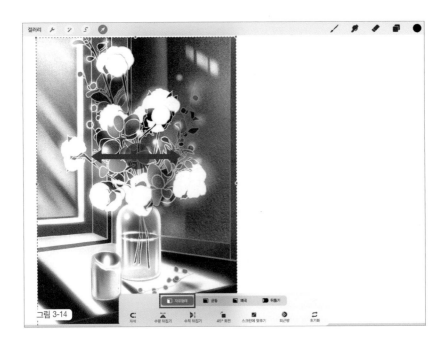

그림 3-14

04 사각형의 안쪽에서 드래그를 하면 콘텐츠가 이동됩니다.

그림 3-15

05 아래 하단의 메뉴 중에서 **균등 - 자석**을 터치해주세요.

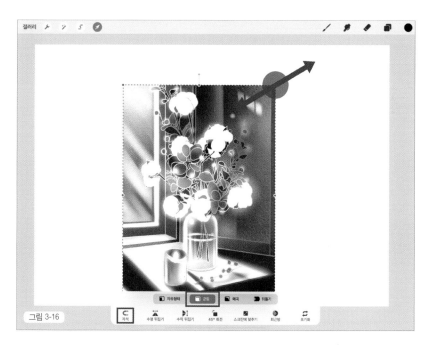

그림 3-16

06 사각형의 모서리 부분에 있는 파란색 원을 드래그하면 상하좌우가 이미지의 기본 비

율을 유지하면서 크기 조절이 됩니다. 자석 기능으로 인해 스냅 25% 비율로 크기 조절이 됩니다.

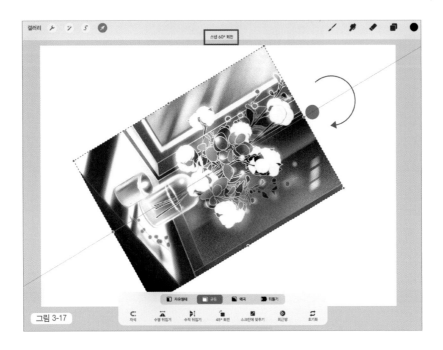

그림 3-17

07 사각형에서 상단의 연두색 원을 잡고 드래그하면 자석 기능으로 인해 스냅 15도씩 회전합니다.

브 러 시
핵 심 정 리

·

CHAPTER

4

01

Tool 도구 -
브러시 라이브러리

브러시 라이브러리

그림에 어울리는 브러시를 찾는 것, 나만의 브러시를 제작하는 일은 그림에 가장 큰 영향을 주는 요소입니다. 브러시의 선택이 자신의 그림 스타일을 결정하기도 합니다.

그림 4-1

자주 사용하는 브러시 폴더를 만들거나 브러시를 제작하여 그림을 그리기에 편한 환경으로 설정합니다.

❶ **폴더**: 공통된 텍스처, 모양의 브러시를 분류해놓은 폴더입니다.

❷ **브러시**: 폴더 안에 속해 있는 속성값이 조금씩 변화되어 다양한 브러시를 선택할 수 있습니다.

❸ **공유**: 친구나 동료에게 브러시를 공유할 때 사용합니다.

❹ **복제**: 브러시의 속성을 변경하여 이용하고 싶다면 좋은 기능으로 브러시를 복제할 수 있습니다.

❺ **삭제**: 직접 생성한 브러시라면 삭제가 가능합니다. 삭제하면 해당 브러시는 되돌릴 수 없으니 유의하세요.

❻ **우측 상단의 +**: 브러시 라이브러리의 우측 상단의 '+'를 터치하여 새로운 브러시를 제작할 수 있습니다.

❼ **좌측 상단의 +**: 브러시 라이브러리의 좌측 상단의 '+'를 터치하여 새로운 브러시 세트를 제작할 수 있습니다. '+' 메뉴가 보이지 않을 때에는 브러시 세트를 아래쪽으로 스와이프하면 상단에 숨겨져 있는 메뉴를 찾을 수 있습니다. '+'를 터치하면 브러시 폴더의 이름을 설정할 수 있으며 생성된 브러시 폴더는 원하는 위치로 이동이 가능합니다.

브러시 스튜디오

내 그림과 잘 어울리는 브러시를 선택하고 제작하는 것은 가장 중요한 일입니다. 브러시 스튜디오에서 브러시의 다양한 속성값을 변형하거나 나만의 새로운 브러시를 제작하여 사용해보세요.

획 경로

그림 4-2

❶ 간격: 간격을 넓히면 브러시로 그은 선 내부에 간격이 생성됩니다.

❷ StreamLine: 높을수록 펜의 움직임을 부드럽게 곡선으로 다듬어줍니다.

❸ 지터: 낮으면 진한 선 형태가 되고, 높으면 형태를 퍼트리고 옅게 만듭니다.

❹ 묽음 감소: 브러시의 전체 길이를 짧게 보정하며 마지막 터치를 흐리게 만들 수 있습니다.

끝단처리

그림 4-3

❶ 압력 끝단처리: 애플펜슬 사용 시 끝단처리 기능입니다.

❷ 터치 끝단처리: 손가락을 사용했을 때 끝단처리 기능입니다.

❸ 가늘어짐 속성: 이전 버전의 끝단처리 설정이 적용되는 기능입니다.

모양

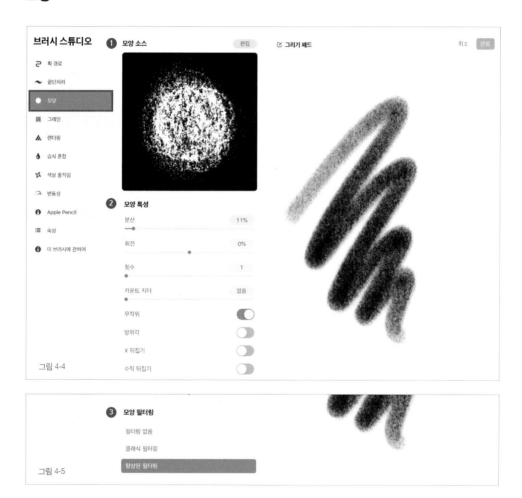

그림 4-4

그림 4-5

❶ 모양 소스: 브러시의 모양을 선택할 수 있으며 프로크리에이트 라이브러리에서 검색 또는 사진이나 파일을 가져와서 사용할 수 있습니다.

❷ 모양 특성: 브러시 모양의 다양한 속성값을 변경할 수 있습니다.

❸ **모양 필터링**: 화면에 보이는 이미지는 작은 사각형 모양의 점인 픽셀로 이루어져 있습니다. 픽셀이 연결되면서 표현하는 선 안에 빠진 데이터를 보충하여 육안으로 볼 때 자연스럽게 이미지를 표현하는 기술입니다.

그레인

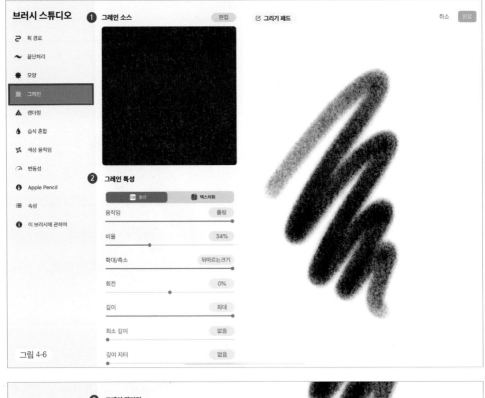

그림 4-6

그림 4-7

❶ **그레인 소스**: 브러시의 질감을 선택할 수 있으며 프로크리에이트 라이브러리에서 검색 또는 사진이나 파일을 가져와서 사용할 수 있습니다.

❷ **그레인 특성**: 브러시 그레인의 다양한 속성값을 변경할 수 있습니다.

❸ **그레인 필터링**: 화면에 보이는 이미지는 작은 사각형 모양의 점인 픽셀로 이루어져 있습니다. 픽셀이 연결되면서 표현하는 선에서 빠진 데이터를 보충하여 육안으로 볼 때 자연스럽게 이미지를 표현한 기술입니다.

렌더링

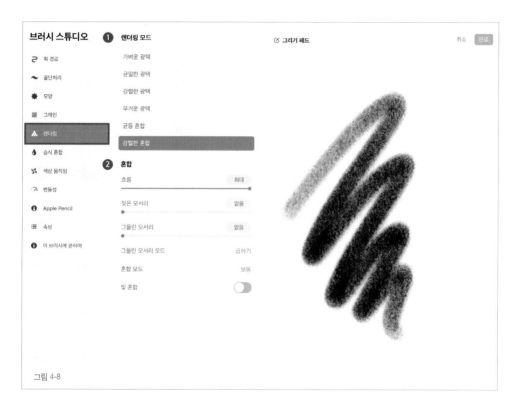

그림 4-8

❶ **렌더링 모드**: 브러시가 다른 색상, 다른 브러시와 섞일 경우에는 다양한 렌더링 모드를 선택할 수 있습니다.

❷ **혼합**: 브러시가 다른 색상, 다른 브러시와 섞일 경우에는 다양한 혼합을 선택할 수 있습니다.

습식 혼합

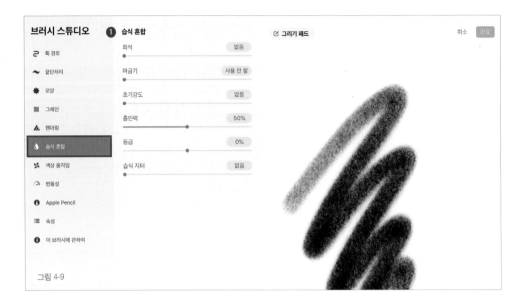

그림 4-9

❶ 습식 혼합: 브러시에 맑음을 표현하는 혼합입니다.

색상 움직임

그림 4-10

그림 4-11

❶ **도장 색상 지터**: 브러시 획에 다양한 색조, 채도, 밝기, 암흑, 보조 색상의 변화를 표현할 수 있는 기능입니다.

❷ **획 색상 지터**: 브러시 전체에 다양한 색조, 채도, 밝기, 암흑, 보조 색상의 변화를 표현할 수 있는 기능입니다.

❸ **색상 압력**: 펜슬의 압력에 따라 색조, 패도, 밝기, 보조 색상을 변동할 수 있는 기능입니다.

❹ **색상 기울기**: 펜슬의 기울기에 따라 색조, 채도, 밝기, 보조 색상을 변동할 수 있는 기능입니다.

변동성

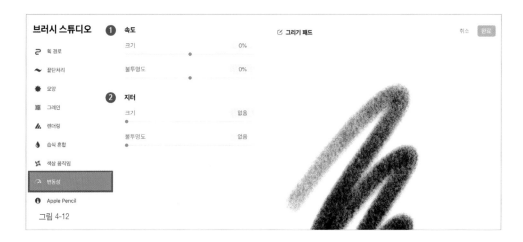

그림 4-12

❶ **속도**: 선을 더 자연스럽게 보일 수 있도록 속도에 따라 크기, 불투명도를 변동할 수 있는 기능입니다.

❷ **지터**: 선을 더 자연스럽게 보일 수 있도록 지터에 따라 크기, 불투명도를 변동할 수 있는 기능입니다.

Apple Pencil

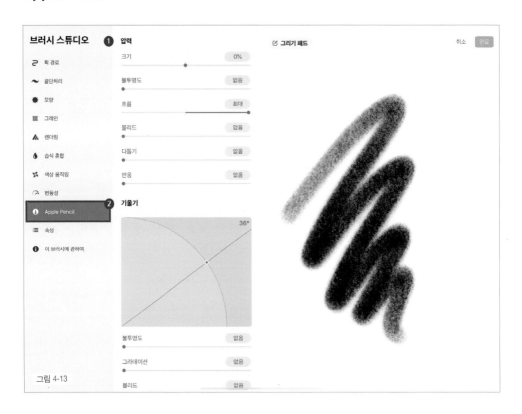

그림 4-13

❶ **압력**: 애플펜슬의 압력을 크기, 불투명도, 흐름, 블리드, 다듬기에 따라 조정할 수 있습니다.

❷ **기울기**: 애플펜슬의 기울기를 각도 그래프, 불투명도, 그라데이션, 블리드, 크기에 따라 조정할 수 있습니다.

속성

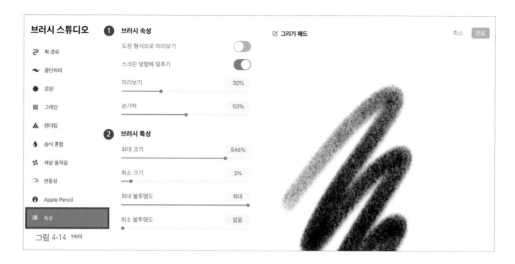

그림 4-14 속성하여

❶ **브러시 속성**: 브러시 라이브러리 안에서 보이는 이미지를 설정할 수 있습니다.

❷ **브러시 특성**: 브러시의 최대 크기, 최소 크기, 최대 불투명도, 최소 불투명도를 설정할 수 있습니다.

이 브러시에 관하여

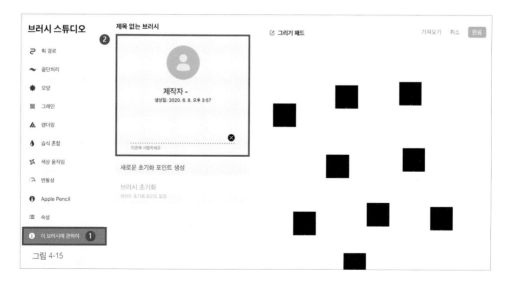

그림 4-15

❶ **제작자 서명**: 직접 만든 나만의 브러시에 서명을 하여 저장할 수 있는 기능입니다.

예제 01 두 개의 브러시 병합하기

두 개의 브러시를 하나로 병합하는 기능입니다. 세 개 이상의 브러시, 이미 병합된 브러시는 병합되지 않습니다. 병합하려는 브러시가 서로 다른 폴더에 있다면 하나의 폴더로 복제한 후 병합을 실행합니다. 브러시 스튜디오에서는 주 브러시, 보조 브러시로 나누어서 섬세하게 상세 설정을 조절할 수 있습니다.

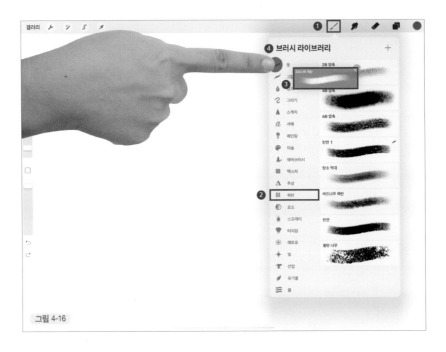

그림 4-16

01 브러시 – 목탄 – 포도나무 목탄 브러시를 터치한 채로 뭉 폴더를 터치하여 복제해줍니다.

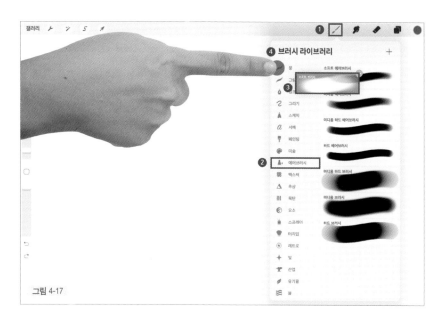

그림 4-17

02 **브러시 – 에어브러시 – 소프트 브러시**를 터치한 채로 **뭉 폴더**를 터치하여 복제해줍니다.

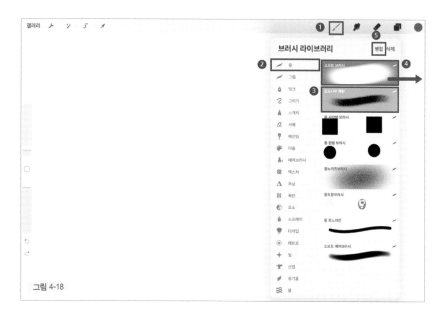

그림 4-18

03 **브러시 – 뭉 – 포도나무 목탄 브러시**를 선택하고 **소프트 브러시**를 오른쪽으로 당겨서 **다중선택 – 오른쪽 상단에 병합**을 터치해주세요.

브러시 라이브러리를 활용하여 자주 사용하는 도형인 원형 브러시를 제작합니다. 자주 쓰이는 도형이니 나만의 브러시 폴더에 저장을 해두면 아주 편리합니다.

01 브러시 - 뭉 - 우측 상단의 +를 터치해주세요.

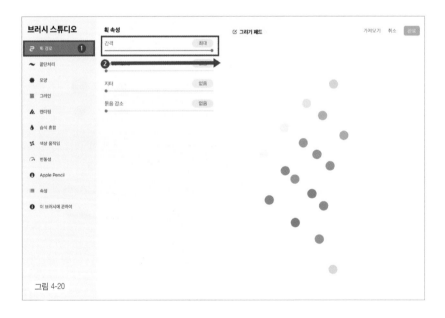

02 브러시 스튜디오에서 **획 경로 - 간격**을 오른쪽으로 슬라이드하여 최대로 설정해주세요.

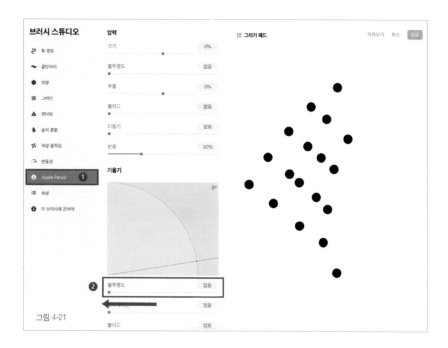

그림 4-21

03 Apple Pencil - **불투명도**를 왼쪽으로 슬라이드하여 없음으로 설정해주세요.

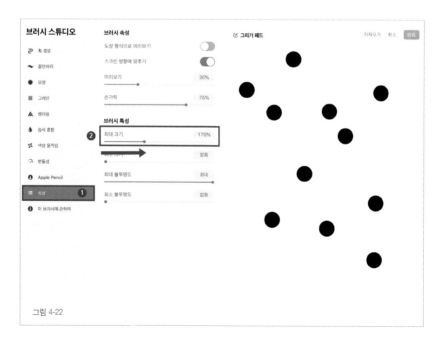

그림 4-22

04 속성 - 브러시 특성 - **최대 크기**를 오른쪽으로 슬라이드하여 170%로 설정해주세요.

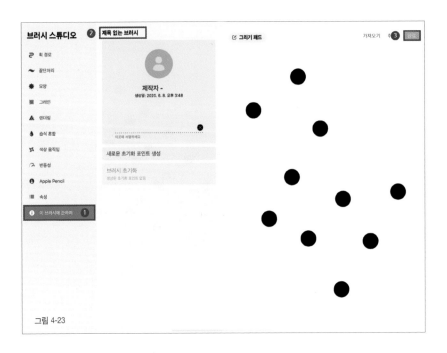

그림 4-23

05 이 브러시에 관하여 – 제목 없는 브러시 – 뭉 원형 브러시로 입력한 후 완료를 터치해주
세요.

자주 사용하는 도형인 사각형 브러시를 제작합니다. 자주 쓰이는 도형이니 나만의 브러시 폴더에 저장을 해두면 아주 편리합니다.

그림 4-24

01 상단의 +를 터치한 후 새로운 캔버스 를 터치해주세요.

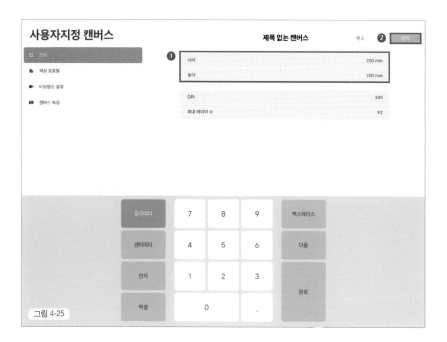

그림 4-25

02 너비 200mm, 높이 200mm를 입력하고 창작을 터치해주세요.

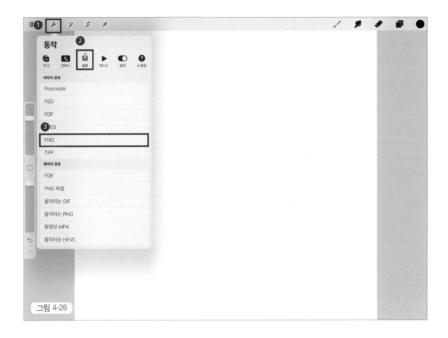

그림 4-26

03 동작 – 공유 – PNG를 터치하여 이미지를 저장해주세요.

그림 4-27

04 브러시 – 뭉 – 우측 상단의 +를 터치해주세요.

그림 4-28

05 **모양 – 편집**을 터치해주세요.

그림 4-29

06 모양 편집기에서 **가져오기 – 사진 가져오기 – 저장한 파일**을 선택한 후 완료를 터치해주세요.

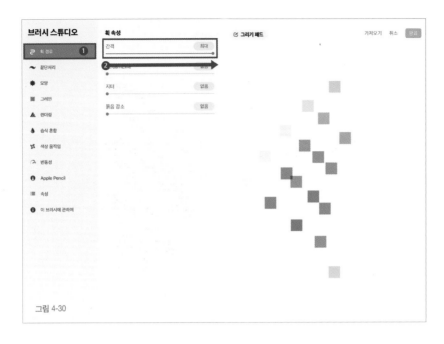

그림 4-30

07 획 경로 - 간격을 오른쪽으로 슬라이드하여 최대로 설정해주세요.

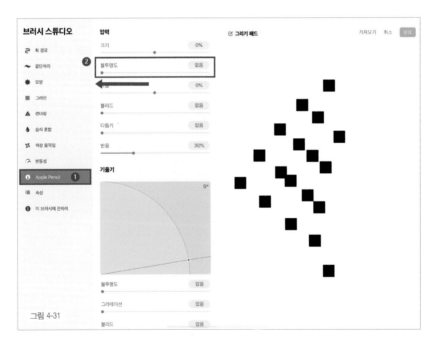

그림 4-31

08 Apple Pencil - 불투명도를 왼쪽으로 슬라이드하여 없음으로 설정해주세요.

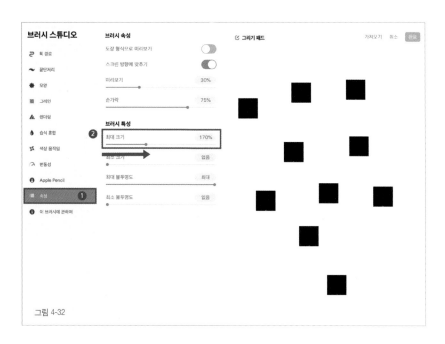

그림 4-32

09 속성 – 브러시 특성 – 최대 크기를 오른쪽으로 슬라이드 하여 170%로 설정해주세요.

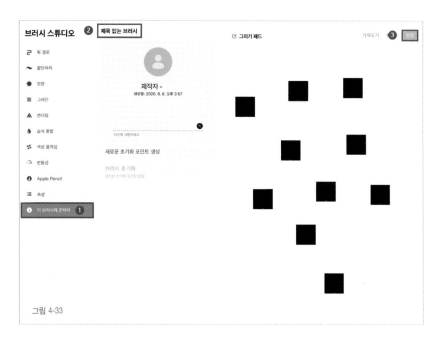

그림 4-33

10 이 브러시에 관하여 – 제목 없는 브러시 – 뭉 사각형 브러시로 입력한 후 완료를 터치해주세요.

나만의 브러시를 만드는 방법! 자주 쓰이는 사인, 도장 브러시를 같이 만들어봅시다.

그림 4-34

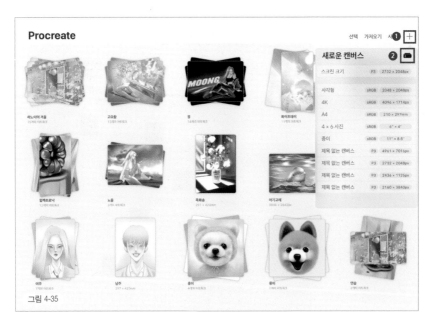

그림 4-35

01 우측 상단의 +를 터치한 후 새로운 캔버스 ▬를 터치해주세요.

그림 4-36

02   너비 200mm, 높이 200mm를 입력하고 창작을 터치해주세요.

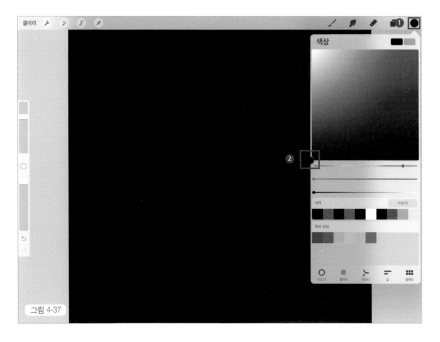

그림 4-37

03   색상에서 검은색을 선택하여 화면에 드래그해주세요.

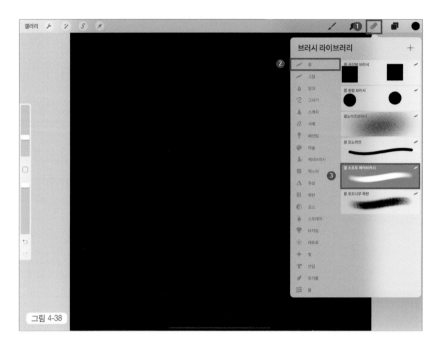

그림 4-38

04   지우개 – 뭉 – 뭉 소프트 에어브러시를 터치해주세요.

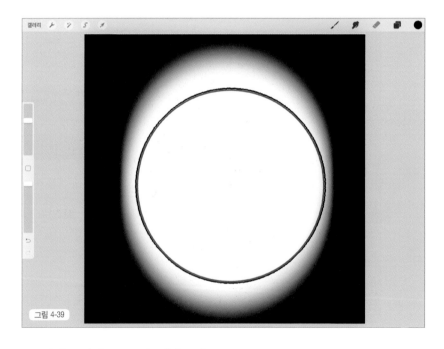

그림 4-39

05   붉은색이 표현되는 부분을 지워주세요.

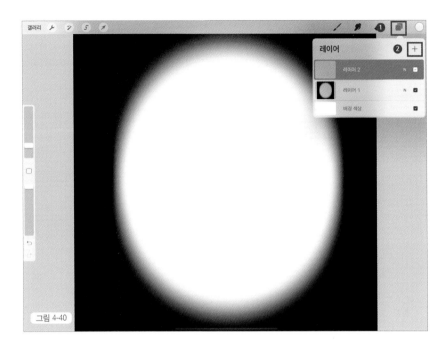

그림 4-40

06 레이어에서 우측 상단의 +를 터치하여 새로운 레이어를 추가해주세요.

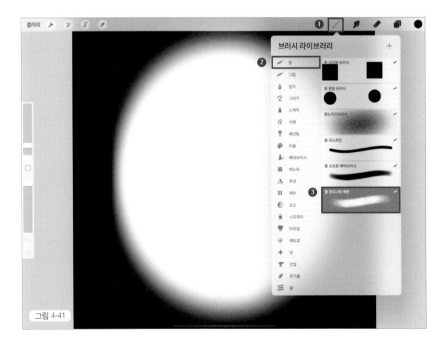

그림 4-41

07 브러시 – 뭉 – 뭉 포도나무 목탄을 터치해주세요.

그림 4-42

08 원하는 글씨를 자유롭게 스케치해주세요. 색상은 자유롭게 선택해주세요.

그림 4-43

09 레이어 - 레이어2 - 블랜드모드 N - 불투명도를 왼쪽으로 당겨 50%로 설정해주세요.

그림 4-44

10 레이어에서 우측 상단의 +를 터치하여 새로운 레이어를 추가해주세요.

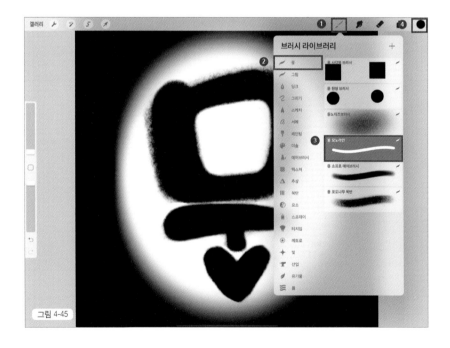

그림 4-45

11 브러시 – 뭉 – 뭉 모노라인을 터치해주세요. 색상은 검은색을 선택해주세요.

그림 4-46

12 뭉 모노라인 브러시로 깔끔하게 글씨를 완성해주세요.

그림 4-47

13 레이어에서 레이어2를 왼쪽으로 당겨서 삭제해주세요.

그림 4-48

14 동작 – 공유 – PNG로 이미지를 저장해주세요.

그림 4-49

15 브러시 – 뭉 – 우측 상단의 +를 터치해주세요.

그림 4-50

16 브러시 스튜디오에서 **모양 – 편집**을 터치해주세요.

그림 4-51

17 **가져오기 – 사진 가져오기**를 통해 저장한 이미지를 선택 후 **완료**를 터치해주세요.

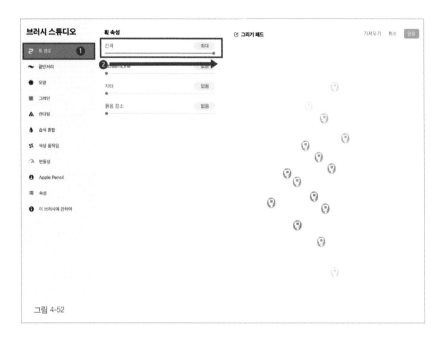

그림 4-52

18 **획 경로 – 간격**을 오른쪽으로 슬라이드하여 최대로 설정해주세요.

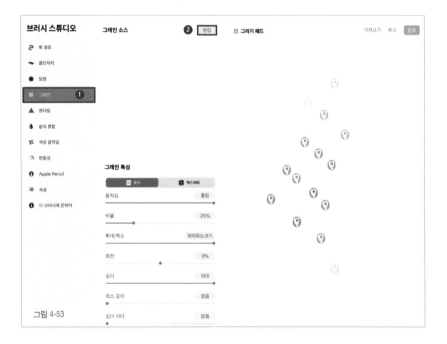

그림 4-53

19 **그레인 – 편집**을 터치해주세요.

그림 4-54

20 가져오기 – 라이브러리 검색을 터치해주세요.

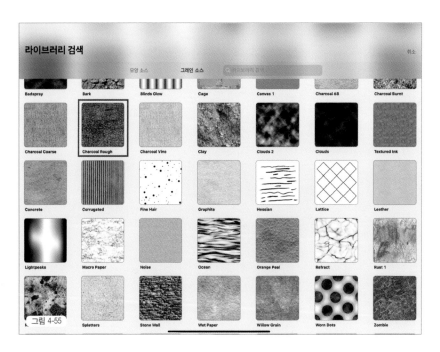

그림 4-55

21 Charcoal Rough를 터치해주세요.

그림 4-56

22 완료를 터치해주세요.

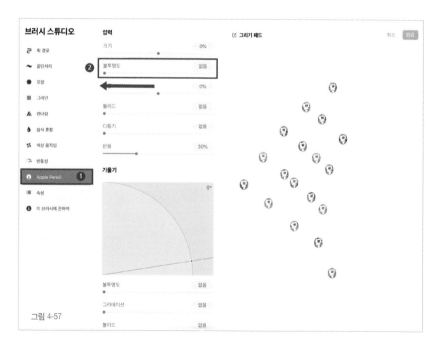

그림 4-57

23 Apple Pencil – 불투명도를 왼쪽으로 슬라이드하여 없음으로 설정해주세요.

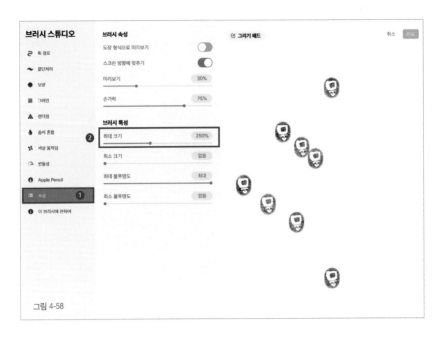

그림 4-58

24 속성 - 브러시 특성 - 최대 크기를 250%로 설정해주세요.

그림 4-59

25 이 브러시에 관하여 - 제목 없는 브러시를 터치하여 뭉 도장으로 입력한 후 완료를 터치

해주세요.

레 이 어 의
기 능 마 스 터

·

CHAPTER

5

01

Tool 도구 –
레이어의 기능

레이어는 디지털 페인팅의 장점이 가장 많이 있는 기능이라고 생각합니다. 레이어의 개념 정리부터! 심화 기능까지! 필자와 함께 차근차근 익혀봅시다.

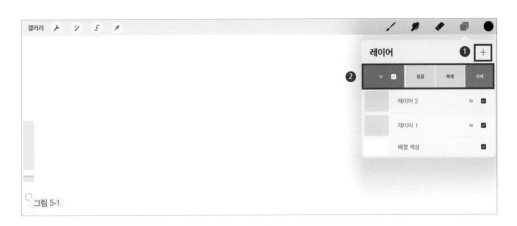

그림 5-1

그림 5-2

❶ 레이어 추가하기: 새로운 레이어를 추가할 수 있는 기능입니다.

❷ 레이어 잠금, 복제, 삭제하기: 레이어를 잠금, 복제, 삭제를 활용하여 편하게 관리할 수 있는 기능입니다.

❸ 레이어 숨기기: 레이어를 완전히 삭제하는 것이 아닌 잠시 화면에서 안 보이게 할 수 있는 숨기기 기능입니다.

❹ 레이어 그룹하기: 레이어의 개수가 매우 많아 관리하기가 힘들다면 공통된 부분의 레이어들을 그룹으로 묶어서 편하게 관리할 수 있습니다.

레이어 메뉴 익히기

레이어의 메뉴에는 아주 유용한 기능이 많이 포함되어 있습니다. 조금 어려워 보이는 기능인 알파채널 잠금, 클리핑 마스크, 마스크를 영상 강의를 보면서 차근차근 익혀봅시다.

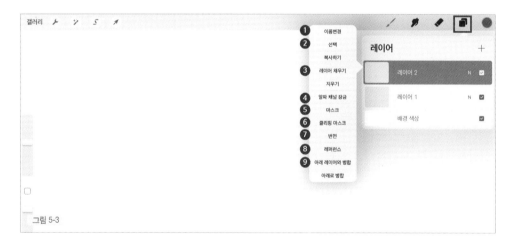

그림 5-3

❶ 이름 변경: 레이어의 이름을 변경하는 기능으로 레이어의 개수가 많아졌을 때 자주 사용합니다.

❷ 선택: 레이어 패널의 레이어에 두 손가락으로 길게 터치하면 선택툴을 실행시킬 수 있습니다. 선택한 레이어에서 작업한 부분(그림, 채색, 붙여넣기 등)을 선택합니다. 선택되지

않은 부분은 빗금으로 처리됩니다. 이 상태에서 그리기를 진행하면 선택한 부분에만 변경됩니다.

❸ **레이어 채우기**: 레이어 전체에 색상을 채울 수 있는 기능입니다.

❹ **알파채널 잠금**: 선택된 레이어의 영역을 보존한 채 오브젝트에 해당하는 부분에만 채색이 가능합니다.

❺ **마스크**: 회색 음영 이미지이며, 레이어에 표현된 오브젝트를 브러시로 칠할 경우 검정으로 페인팅한 영역은 숨겨지고, 흰색으로 페인팅한 영역은 보이며, 회색 음영으로 페인팅한 영역은 다양한 투명도로 표현됩니다.

❻ **클리핑 마스크**: 선택된 레이어에 그림을 그리면 그 밑의 레이어의 오브젝트에 해당하는 부분만 채색됩니다.

❼ **반전**: 레이어의 색상을 반전시키는 기능으로 각각의 색상은 대비되는 색상으로 변경됩니다. 반전을 두 번 실행하면 원래 색상으로 다시 변경됩니다.

❽ **레퍼런스**: 특정 레이어에 레퍼런스를 설정하면 새로 생성된 레이어는 레퍼런스한 레이어를 기준으로 새로운 색상을 채울 수 있습니다. 레퍼런스를 설정한 레이어의 작업은 그대로 보존하고 새로운 레이어에 여러 가지 변화를 시도해 볼 수 있습니다. 레퍼런스를 설정할 레이어 이름 하단에 레퍼런스 표시를 확인할 수 있습니다.

❾ **레이어 병합**: 여러 개로 나누어진 레이어를 하나의 레이어로 병합할 수 있습니다.

예제 01 클리핑 마스크, 알파채널 잠금, 마스크의 비슷한 듯 다른 용도 완벽 정리하기

비슷하게 생각되는 클리핑 마스크, 알파채널 잠금, 마스크의 기능. 언제 사용될지 너무나 복잡하지요. 함께 영상을 보며 차근차근 따라해요. 맨 처음은 선택툴을 활용해서 정원 그리기를 진행해주세요.

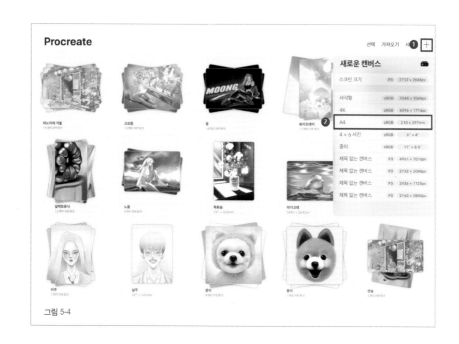

그림 5-4

01 우측 상단의 +를 터치한 뒤 A4 사이즈를 터치하여 새로운 캔버스를 제작해주세요.

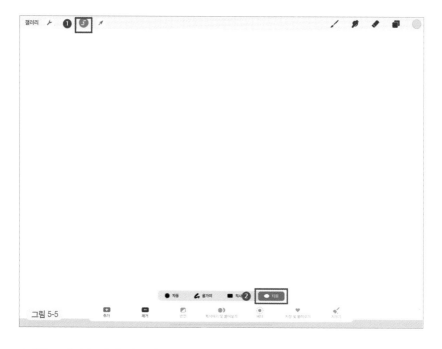

그림 5-5

02 선택툴 – 타원을 터치해주세요.

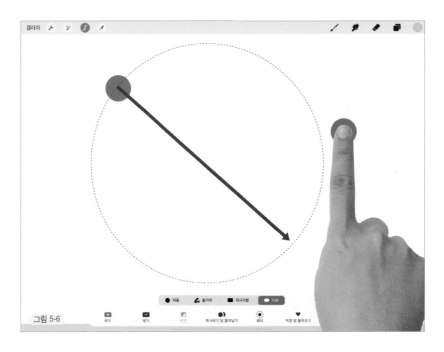

그림 5-6

03 화면에 드래그하여 타원을 그린 채로 한 손가락으로 화면을 터치하면 정원이 그려집
니다.

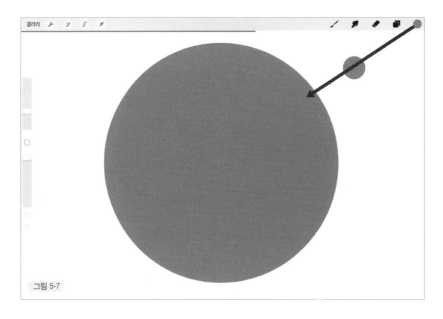

그림 5-7

04 원하는 색상을 선택하여 원 안에 드래그해주세요.

첫 번째로는 클리핑 마스크에 대해 학습하겠습니다.

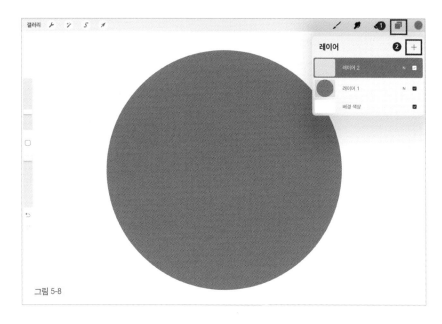

그림 5-8

05 레이어에서 우측 상단의 +를 터치하여 새로운 레이어를 추가해주세요.

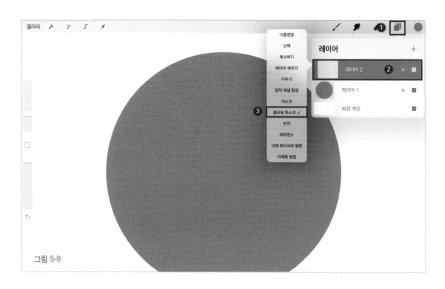

그림 5-9

06 레이어 - 추가한 레이어 터치 - 클리핑 마스크를 터치하면 추가한 레이어 옆에 작은 화살
표가 나타나며 화살표는 아래의 원 레이어를 향해 있습니다.

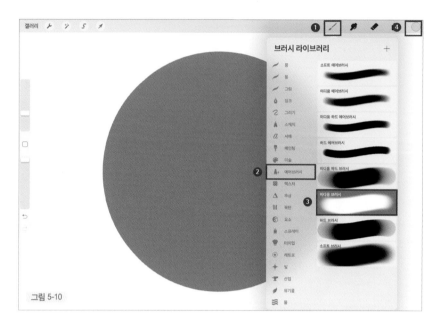

그림 5-10

07 브러시 - 에어브러시 - 미디움 브러시를 터치, 색상은 자유롭게 선택해주세요.

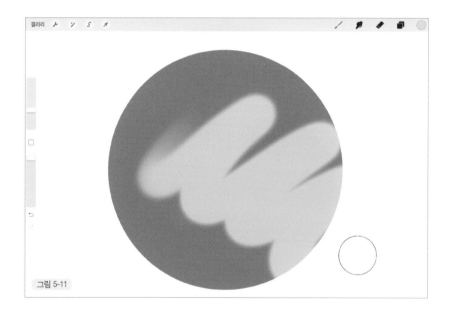

그림 5-11

08 화면에 채색하면 원 레이어에 선택된 영역 안에만 채색이 됩니다.

TIP 레이어를 여러 개 추가한 후 모든 레이어에 클리핑 마스크를 실행하면 맨 아래 지정해두었던 원래 레이어에 선택된 영역만 채색이 가능합니다.

두 번째로는 알파채널 잠금을 학습하겠습니다.

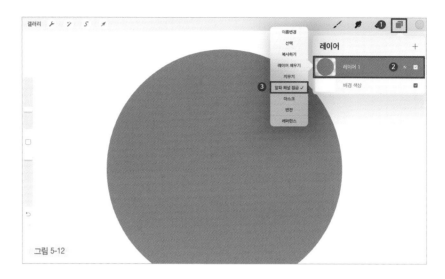

그림 5-12

09 **레이어 - 원이 그려진 레이어 - 알파채널 잠금**을 터치하면 레이어의 작은 화면에 바둑판 형식의 모양이 나타납니다.

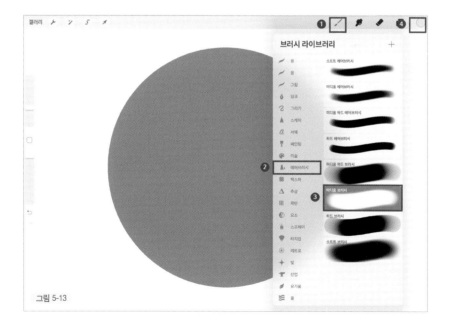

그림 5-13

10 **브러시 - 에어브러시 - 미디움 브러시** 터치, 색상은 자유롭게 선택해주세요.

그림 5-14

11 화면에 채색하면 원래의 모양을 보존한 채 선택된 영역에만 채색이 됩니다.

TIP 알파 채널 잠금은 하나의 레이어에서만 실행이 가능합니다.

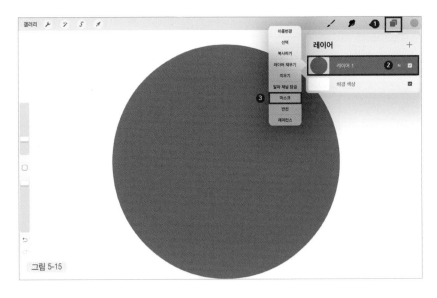

그림 5-15

12 세 번째로는 마스크를 학습하겠습니다. **레이어 - 원이 그려진 레이어 - 마스크**를 터치하면 하나의 레이어가 두 개의 레이어로 나누어지며 색상은 회색 음영으로 변경됩니다.

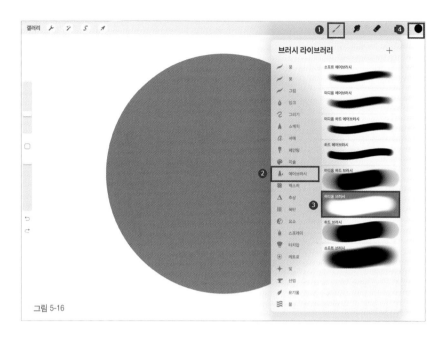

그림 5-16

13 브러시 – 에어브러시 – 미디움 브러시를 터치, 색상은 검은색으로 선택해주세요.

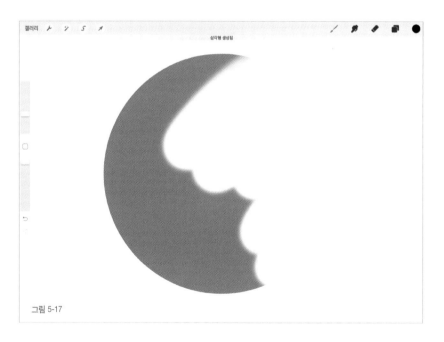

그림 5-17

14 화면에 채색하면 검은색으로 채색한 부분은 가려지듯 빈 화면이 보입니다.

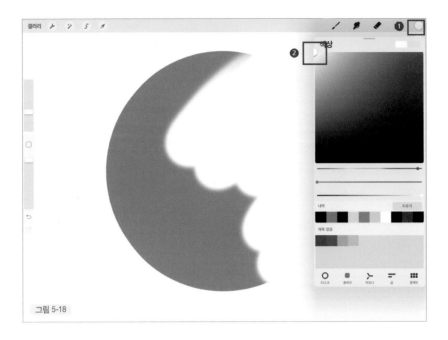

그림 5-18

15 색상을 흰색 (16진값: ffffff)으로 선택해주세요.

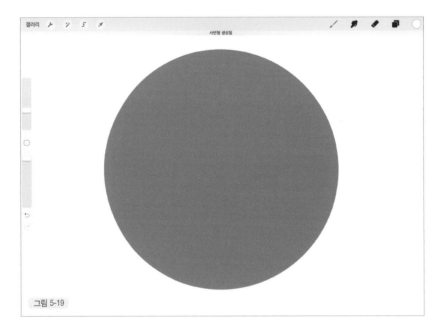

그림 5-19

16 화면에 채색하면 흰색으로 채색한 부분은 다시 원래의 화면을 보여줍니다.

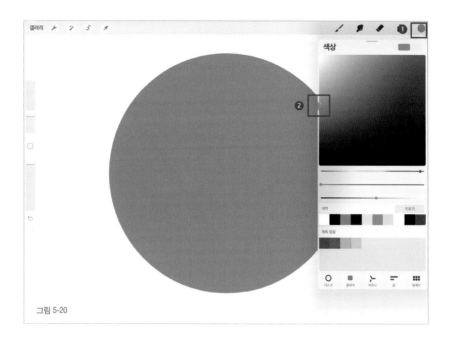

그림 5-20

17 색상에서 회색 계열로 선택해주세요.

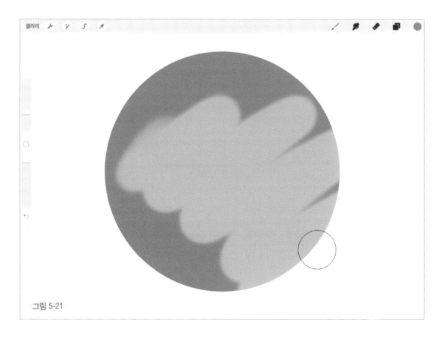

그림 5-21

18 화면을 채색하면 채색한 부분은 불투명도 있게 채색됩니다.

레이어의 모든 기능이 포함된 예제입니다. 그림을 그리면서 레이어의 기능인 클리핑 마스크, 알파채널 잠금, 레이어 병합 등 여러 가지 기능을 익혀봅시다.

그림 5-22

그림을 시작할 때 어떤 것부터 그려야 될지 막막한 경우가 많은데요. 배경이나 가장 큰 부분부터 먼저 진행해주시면 좋습니다. 그림을 그리면서 선택툴의 활용, 클리핑 마스크의 개념 정리를 해보겠습니다.

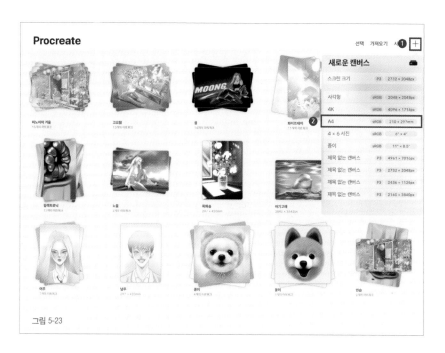

그림 5-23

01 우측 상단의 +를 터치한 뒤 A4 사이즈를 터치하여 새로운 캔버스를 제작해주세요.

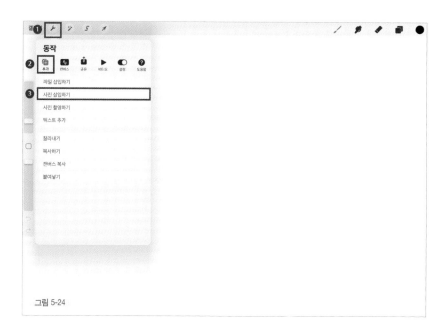

그림 5-24

02 동작 – 추가 – 사진 삽입하기에서 풍경.jpg를 삽입한 후 왼쪽에 위치해주세요.

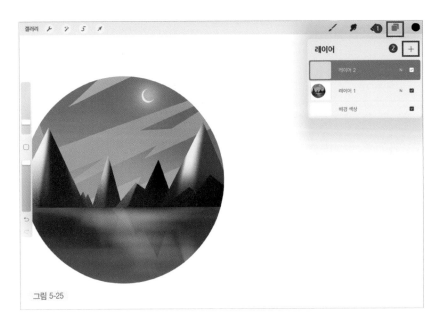

그림 5-25

03 레이어에서 우측 상단의 +를 터치하여 새로운 레이어를 추가해주세요.

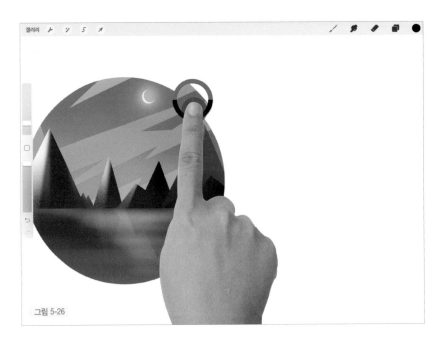

그림 5-26

04 컬러는 배경색인 하늘색을 손가락으로 길게 터치하여 색을 추출해주세요 (16진값: 3183dc)

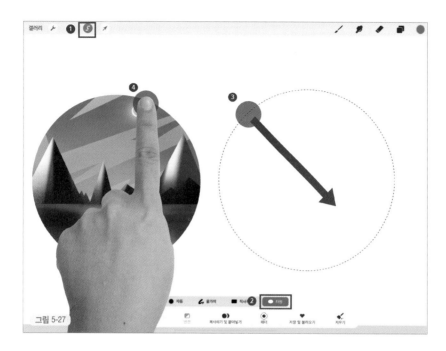

그림 5-27

05 **선택툴 – 타원**을 터치한 후 드래그한 채로 왼손으로 화면을 터치하면 정원이 그려집니다.

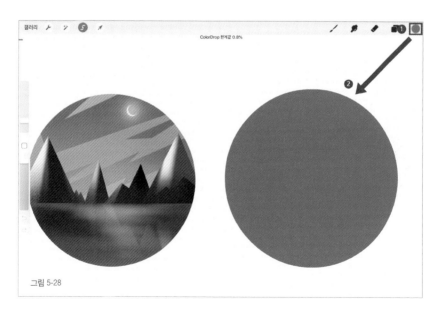

그림 5-28

06 추출된 색을 드래그하여 원 안에 색을 채워주세요.

그림 5-29

07 레이어에서 우측 상단의 +를 터치하여 새로운 레이어를 추가해주세요.

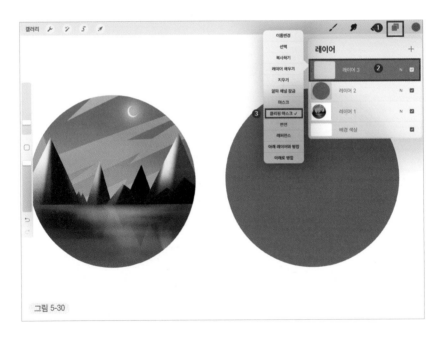

그림 5-30

08 레이어 – 추가된 레이어 터치 – 클리핑 마스크를 터치해주세요.

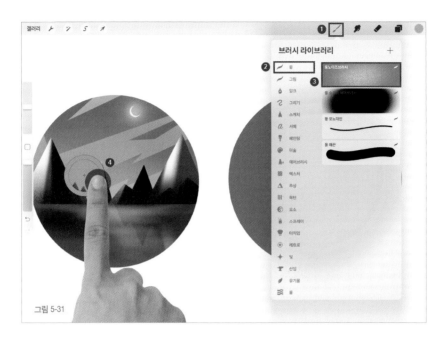

그림 5-31

09 브러시 – 뭉 – 뭉 노이즈브러시를 터치, 색상은 스포이드로 왼쪽 예제 그림의 하늘의 핑
크색 계열을 길게 터치하여 추출해주세요. (16진값 : f5a49f)

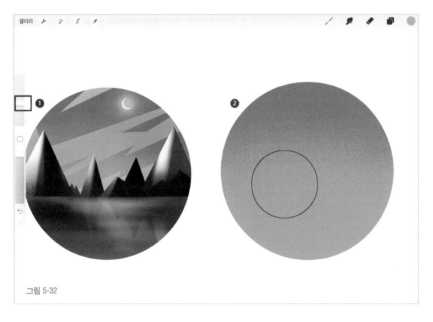

그림 5-32

10 브러시 크기는 17%로 설정하고 그라데이션 해주세요.

클리핑 마스크, 알파채널 잠금에 대해 어느 정도 이해를 많이 하셨을 텐데요. 다시 한 번 더 복습한다는 생각으로 하늘 그리기를 진행해보겠습니다.

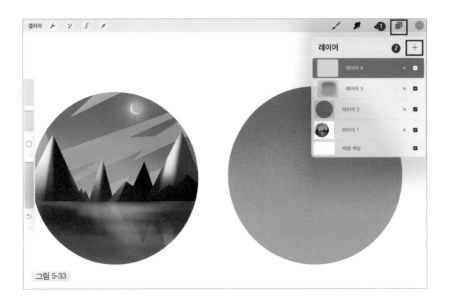

그림 5-33

11   레이어에서 우측 상단의 +를 터치하여 새로운 레이어를 추가합니다.

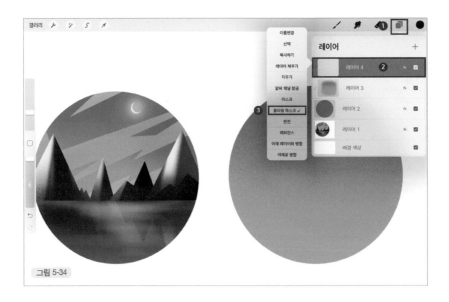

그림 5-34

12   레이어 – 추가된 레이어 터치 – 클리핑 마스크를 터치해주세요.

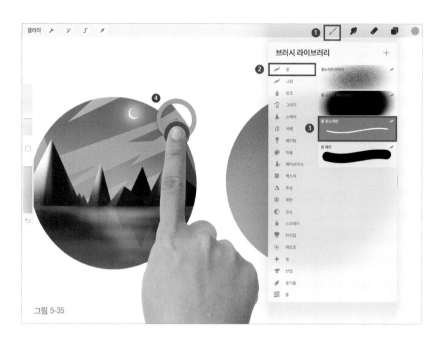

그림 5-35

13 이제 하늘 표현을 해볼 텐데요. **브러시 - 뭉 - 뭉 모노라인**을 선택, 색상은 스포이드로
왼쪽 예제 그림의 밝은 핑크 부분을 추출해주세요. (16진값: c79fae)

그림 5-36

14 직선 그리기로 스케치를 해주신 후 색상을 드래그하여 꼼꼼히 채워주세요.

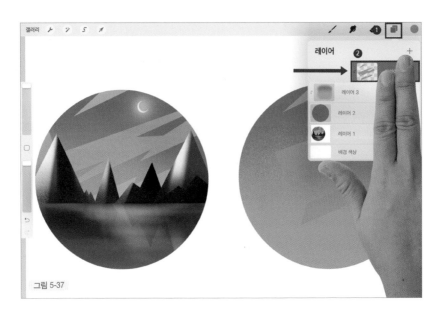

그림 5-37

15 레이어에서 하늘 레이어에 알파채널 잠금을 해주세요. 빠른 제스처는 하늘 레이어를 두 개의 손가락을 오른쪽으로 스와이프 해주세요.

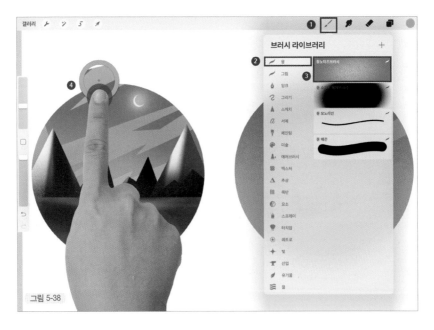

그림 5-38

16 브러시 – 뭉 – 뭉 노이즈브러시를 선택, 색상은 스포이드로 왼쪽의 예제 그림의 밝은 하늘색을 길게 터치하여 추출해주세요. (16진값: a5b0d0)

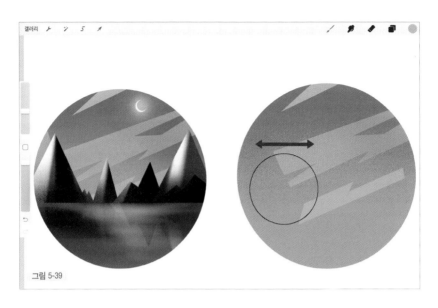

그림 5-39

17 자연스럽게 그라데이션 해주세요.

레이어가 여러 개로 나누어질 경우에는 복잡해서 조금 혼동이 될 수 있습니다. 수업 영상과 설명을 보면서 차근차근 산 그리기를 진행해주세요.

그림 5-40

18 레이어에서 우측 상단의 +를 터치하여 새로운 레이어를 추가해주세요.

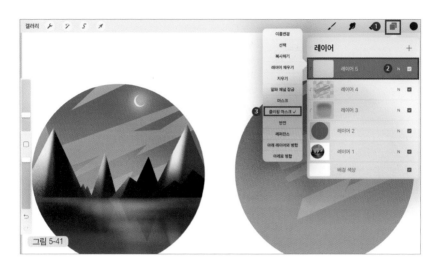

그림 5-41

19 레이어 - 추가된 레이어 - 클리핑 마스크를 터치해주세요.

이제 산을 그려볼 텐데요. 산의 경우 레이어를 5개로 분리하여 진행합니다. 가장 뒤쪽에 있는 산을 먼저 그려줍니다.

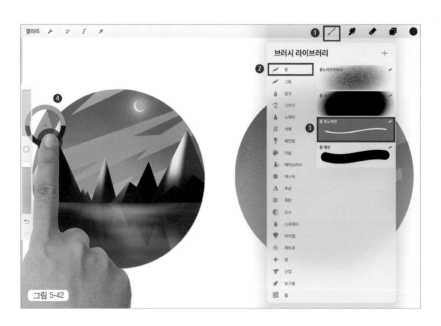

그림 5-42

20 브러시 - 뭉 - 뭉 모노라인을 선택, 색상은 스포이드로 왼쪽의 예제 그림에서 회색 계열을 길게 터치하여 추출해주세요. (16진값: aeaeae)

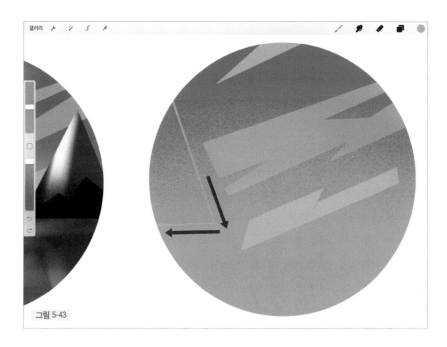

그림 5-43

21 직선 그리기로 산을 스케치하고 색상을 드래그하여 꼼꼼히 채워주세요. 클리핑 마스
크로 가려진 원의 외각 부분도 산의 스케치를 꼼꼼하게 진행해주세요.

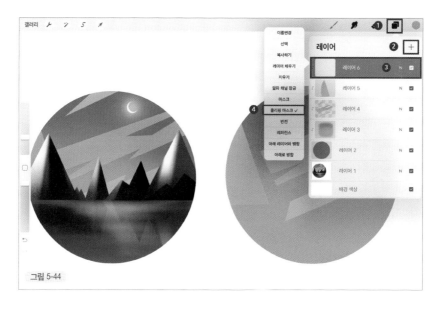

그림 5-44

22 마찬가지로 같은 방법으로 레이어에서 우측 상단의 +를 터치하여 새로운 레이어를 추
가한 후 추가된 레이어를 한번 터치하여 클리핑 마스크를 해주세요.

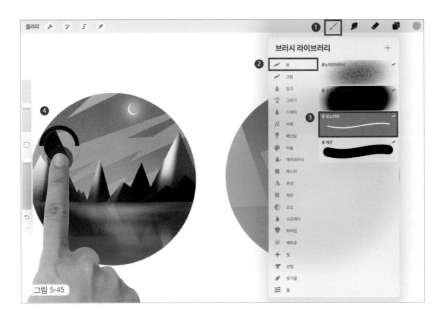

그림 5-45

23 브러시 – 뭉 – 뭉 모노라인을 터치, 색상은 스포이드로 왼쪽의 예제 그림에서 진한 남색 계열을 추출해주세요(16진값: 0e356f)

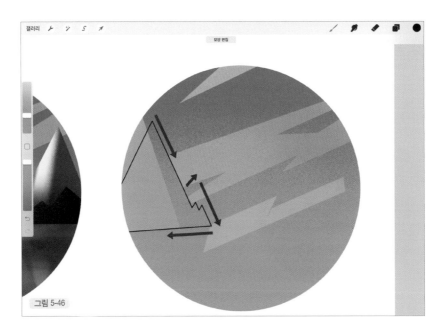

그림 5-46

24 직선 그리기로 그 다음 앞에 있는 산을 스케치한 색상을 드래그하여 꼼꼼히 채워주세요.

그림 5-47

25 레이어에서 방금 채색한 산 레이어에 알파채널 잠금을 해주세요. 빠른 제스처는 레이어를 두 개의 손가락을 오른쪽으로 스와이프 해주세요.

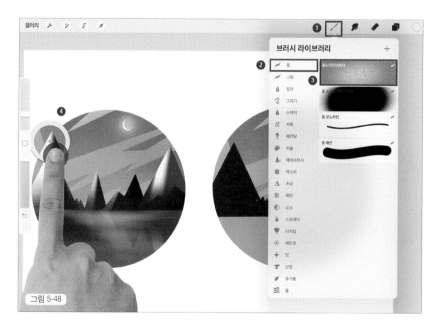

그림 5-48

26 **브러시 – 뭉 – 뭉 노이즈브러시**를 선택, 색상은 스포이드로 왼쪽의 예제 그림에서 흰색, 회색을 길게 터치하여 추출해주세요.

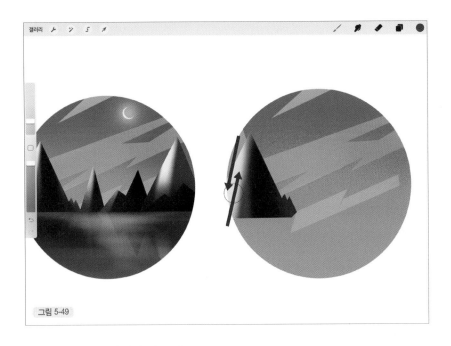

그림 5-49

27 자연스럽게 그라데이션 해주세요.

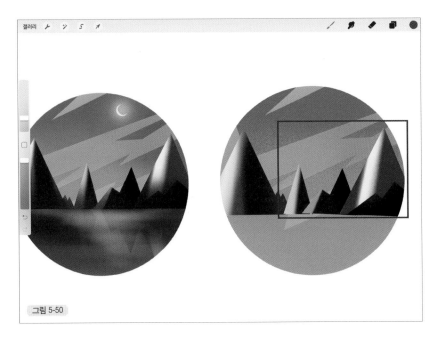

그림 5-50

28 같은 방법으로 레이어를 3개 추가해서 나머지 산 3개를 작업해주시면 됩니다.

그림 5-51

29   레이어에서 우측 상단의 +를 터치하여 새로운 레이어를 추가해주세요.

그림 5-52

30   레이어 – 추가된 레이어 – 클리핑 마스크를 터치해주세요.

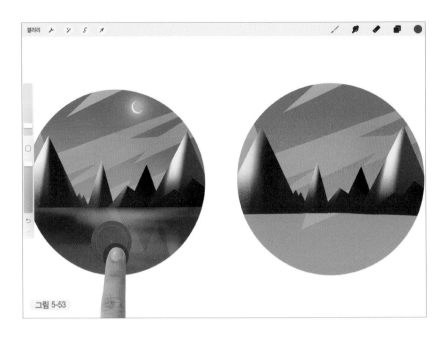

그림 5-53

31 색상은 스포이드로 왼쪽의 예제 그림에서 에메랄드빛 물 색상을 길게 터치하여 추출
    해주세요. (16진값: 246483)

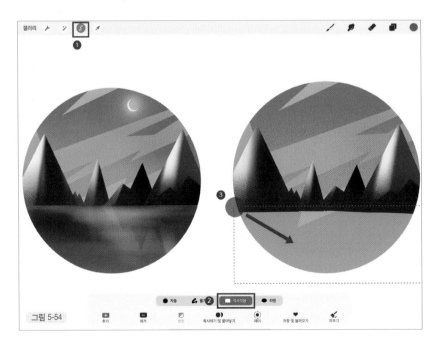

그림 5-54

32 선택툴에서 직사각형을 선택하고 화면에 드래그해주세요.

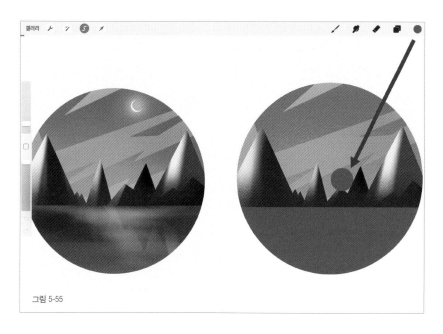

그림 5-55

33 드래그해서 직사각형 안에 색을 채워주세요.

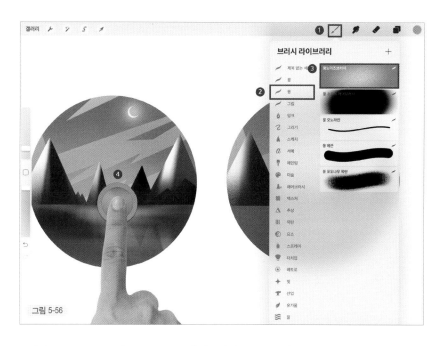

그림 5-56

34 **브러시 – 뭉 – 뭉 노이즈브러시**를 선택, 색상은 스포이드로 왼쪽의 예제 그림에서 에메
    랄드 빛 물 색상과 핑크색을 길게 터치하여 추출해주세요. (16진값: f3a8ac)

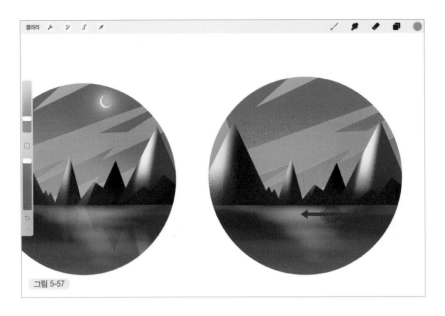

그림 5-57

35 자연스럽게 그라데이션 해주세요.

블렌드 모드 소프트 라이트를 활용하여 산의 그림자를 자연스럽게 표현합니다.

그림 5-58

36 레이어에서 모든 산레이어를 왼쪽으로 당겨서 복제해 주세요.

그림 5-59

37 복제한 레이어를 모두 오른쪽으로 밀어서 다중 선택을 해주세요.

그림 5-60

38 다중 선택된 레이어를 길게 터치하여 맨 위로 이동해주세요.

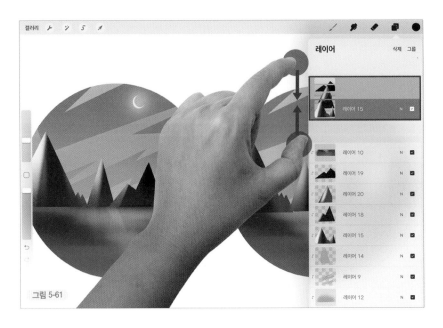

그림 5-61

39 다중 선택된 레이어를 두 개의 손가락으로 꼬집어주시면 레이어가 한 개로 병합이 됩니다.

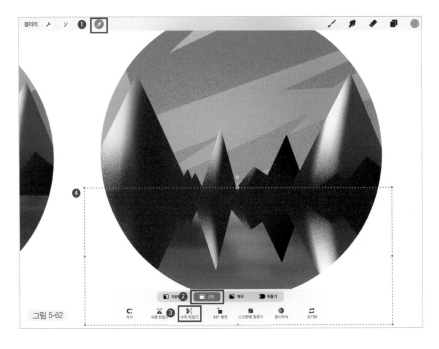

그림 5-62

40 변형툴 – 균등 – 수직으로 뒤집기를 터치한 후 아래쪽으로 위치합니다.

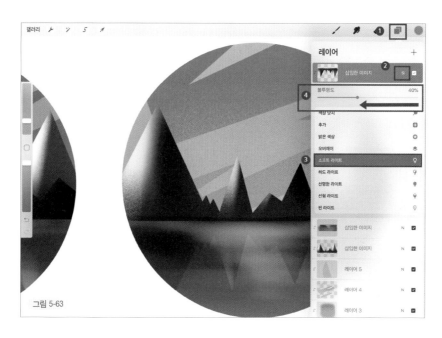

그림 5-63

41 레이어 – 그림자 레이어 N – 소프트 라이트 – 불투명도를 왼쪽으로 스와이프하여 40%로 설정해주세요.

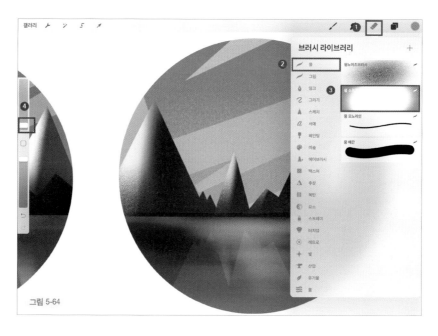

그림 5-64

42 지우개 – 뭉 – 뭉 소프트 에어브러시를 선택하고 브러시 크기 30%로 설정해주세요.

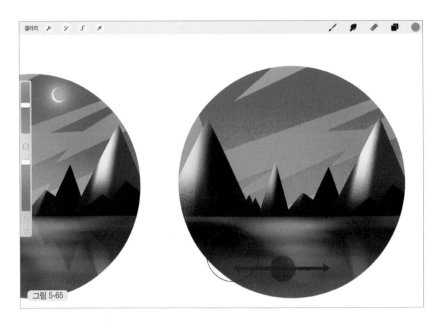

그림 5-65

43 힘을 뺀 채로 산의 외각선 부분을 지워주세요.

달을 그리는 아주 쉬운 방법을 알려드립니다. 선택툴을 활용한 초승달 그리기! 필자의 영상 강의와 아래의 설명을 보시면서 차근차근 따라해주세요.

그림 5-66

44 레이어에서 우측 상단의 +를 터치하여 새로운 레이어를 추가해주세요.

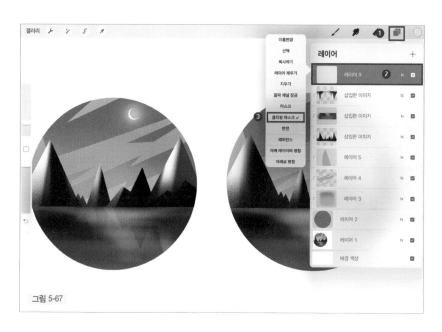

그림 5-67

45 레이어 - 추가된 레이어 - 클리핑 마스크를 터치해주세요.

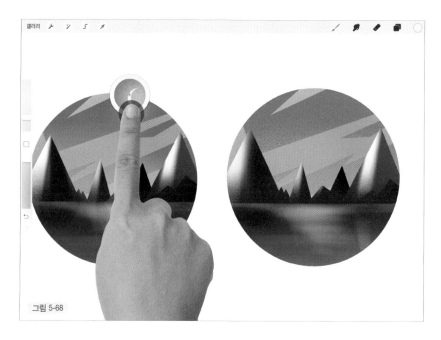

그림 5-68

46 왼쪽의 예제 그림에서 달을 손가락으로 길게 터치하여 색을 추출해주세요. (16진값: fff1c9)

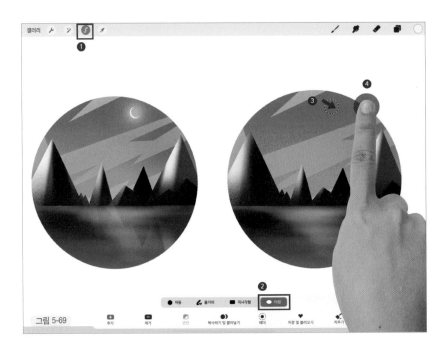

그림 5-69

47 선택툴에서 타원을 선택하고 펜슬로 드래그하면서 한 손가락으로 화면을 터치하면 정원이 그려집니다.

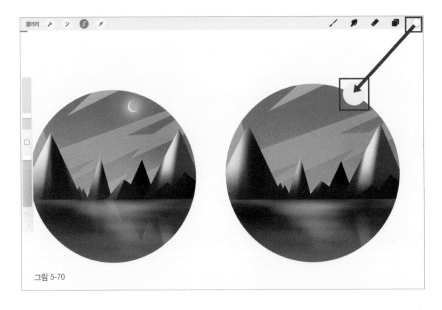

그림 5-70

48 색상을 원에 드래그하여 채워주세요.

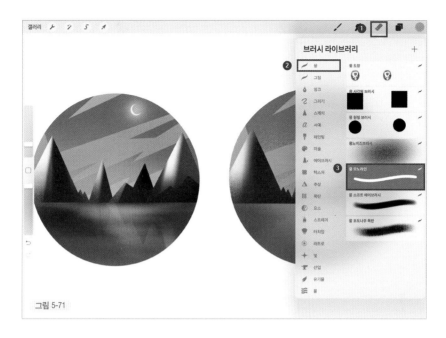

그림 5-71

49 지우개 – 뭉 – 뭉 모노라인을 터치합니다.

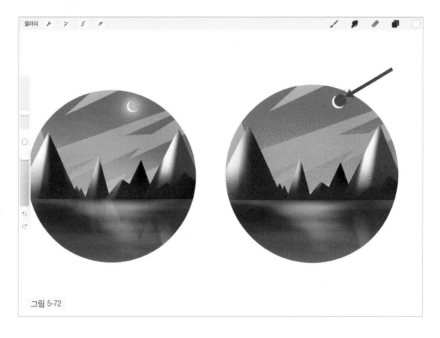

그림 5-72

50 달의 안쪽을 지워서 초승달로 표현해주세요.

그림 5-73

51 이제 달 주변의 빛을 표현해볼 텐데요. 레이어에서 우측 상단의 +를 터치하여 새로운
레이어를 추가해주세요.

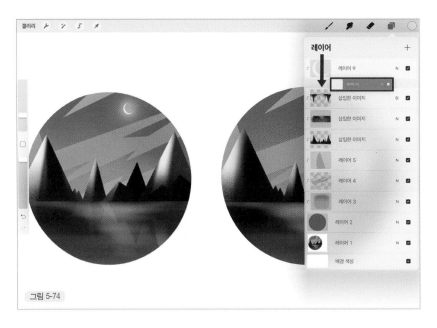

그림 5-74

52 빛 레이어의 위치는 초승달의 밑으로 옮겨주세요.

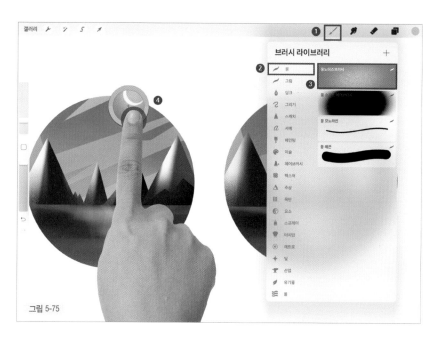

그림 5-75

53 **브러시 – 뭉 – 뭉 노이즈브러시**를 선택, 색상은 스포이드로 왼쪽의 예제 그림에서 베이지, 핑크빛 색상을 길게 터치하여 추출합니다.

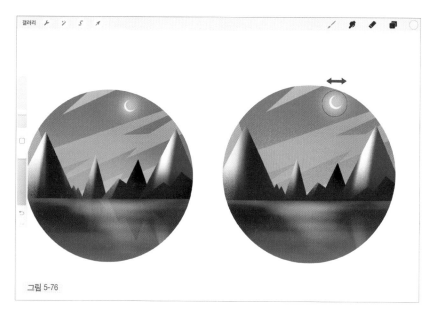

그림 5-76

54 자연스럽게 그라데이션 해주시면 완성입니다. (16진값: cebebd)

CHAPTER
5

02

Tool 도구 -
레이어의 블렌드 모드

블렌드 모드 익히기

레이어에서 블렌드 모드 N을 터치하면 블렌드 모드를 변경할 수 있습니다.

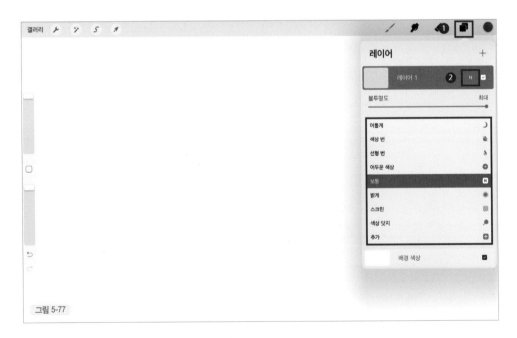

그림 5-77

- **곱하기**: 전반적으로 어둡고 강렬한 효과를 주기 위해 사용합니다. 곱하기를 사용하면 블렌드 레이어의 광도에 따라 다양한 레벨의 어둠을 만들 수 있습니다. 주로 이

미지를 어둡게 하거나 그림자를 생성하기 위해 사용합니다.

- **어둡게**: 픽셀을 혼합하지 않지만 기본 색상과 혼합 색상을 비교하여 더 어두운 쪽을 유지합니다. 만약 블렌드 레이어와 기본 레이어의 색상이 동일하다면 아무런 변화를 만들지 않습니다.

- **색상 번**: 사진에서 이미지를 어둡게 만들기 위해 사용하는 번 툴의 사용과 유사한 효과를 위해 디자인된 모드입니다. 기본 색상과 중간 톤의 채도를 높인 혼합 색상의 대비를 증가시켜서 곱하기 모드보다 더 어두운 결과를 만들 수 있습니다.

- **선형 번**: 곱하기보다 어둡고 색상 번보다 채도가 낮은 효과를 만들기 위해서 혼합 색상의 값을 기준으로 기본 색상의 밝기를 줄여 실행됩니다. 결과적으로 다른 블렌드 모드보다 어두운 색상의 강한 대비를 만들어냅니다.

- **어두운 색상**: 어둡게 효과와 비슷하지만 개별 RGB 채널을 각각 보지 않고 종합합니다.

- **보통**: 레이어를 생성하면 자동으로 지정되며 평상시에 사용되는 블렌드 모드입니다.

- **밝게**: 픽셀을 혼합하지 않지만 기본 색상과 혼합 색상을 비교하여 더 밝은 색상을 유지합니다. 혼합 색상과 기본 색상이 같다면, 밝게 모드를 적용하더라도 변화는 없습니다.

- **스크린**: 밝은 이미지나 하이라이트를 생성하고 싶다면 스크린 모드를 사용합니다. 블렌드 레이어의 광도에 따른 다양한 밝기를 표현합니다.

- **색상 닷지**: 사진에서 이미지를 밝게 만들기 위해 사용됩니다. 기본 색상과 블렌드 색상 사이의 대비를 감소시켜 밝기 효과를 만드는 데 사용합니다.

- **추가**: 스크린, 색상 닷지와 유사한 기능으로 밝기를 증가시킴으로써 혼합 색상을 반영하기 위해 기본 색상을 밝게 만듭니다.

- **밝은 색상**: 밝게 모드와 유사하며 밝은 색을 표현합니다.

- **오버레이**: 곱하기와 스크린 기능이 조합된 것과 같이 기능합니다. 어두운 혼합 색상은 중간 톤을 어두운 색상으로, 밝은 톤은 중간 톤을 밝은 색상으로 변경됩니다.

- **소프트 라이트**: 오버레이 모드의 부드러운 버전으로 미세한 어둠과 밝음을 제공합니다.

- **하드 라이트**: 곱하기와 스크린 블렌드 모드를 조합한 것처럼 하드 라이트는 블렌드 레이어의 밝기값을 사용하여 강한 효과를 표현합니다.
- **선명한 라이트**: 오버레이와 소프트 라이트의 최대 버전입니다. 50% 회색보다 어두운 것은 더 어둡게, 밝은 것은 더 밝게 변경됩니다. 하드 라이트와 마찬가지로 불투명도를 낮추면 자연스러운 효과를 만들 수 있습니다.
- **선형 라이트**: 밝은 픽셀의 닷지 효과와 어두운 픽셀의 번 효과를 극대화한 블렌드 모드입니다. 이 모드 역시 불투명도를 줄이면 자연스러운 효과를 만들 수 있습니다.
- **핀 라이트**: 어둡게 모드와 밝게 모드를 동시에 실행한 모드입니다. 중간 톤이 제거된 효과를 만들 수 있습니다.
- **하드 혼합**: 오직 흰색, 검은색이나 여섯 가지 기본 색상(빨강, 녹색, 파랑, 녹청, 자홍, 노랑) 중 하나의 색상으로 변경해 강렬한 색상 대비를 표현합니다.
- **차이**: 기본 색상과 블렌드 색상의 차이를 이용해 블렌드를 생성합니다. 흰색 픽셀은 기본 레이어의 색상을 사용하고, 검은 픽셀은 변경되지 않으며, 어두운 회색은 약간 어둡게 적용됩니다.
- **제외**: 차이 모드와 비슷하지만 어두운 회색은 사용하지 않습니다.
- **빼기**: 밝기를 빼서 색상을 더 어둡게 표현합니다. 밝은 부분은 가장 어두워지고 이미 어두운 부분은 거의 변하지 않습니다.
- **나누기**: 빼기 모드의 반대 역할을 합니다. 어두운 색상은 밝아지고 이미 밝은 부분은 거의 변하지 않습니다.
- **색조**: 원본의 톤을 유지하면서 색조를 변경합니다.
- **채도**: 기본 레이어의 광도와 색조를 유지하며 블렌드 레이어의 채도를 적용합니다.
- **색상**: 기본 레이어의 광도를 유지하며 블렌드 레이어의 색조와 채도를 적용합니다. 색상 모드는 단색 이미지를 처리하는 데 이상적입니다.
- **광도**: 색조와 채도를 보존하면서 블렌드 레이어의 광도를 적용합니다.

예제파일 - 식물.jpg

빛과 그림자가 있는 그림은 마음을 따뜻하게 만들죠. 따뜻한 햇살의 온도가 전해지기도 하고요. 식물까지 있으면 이렇게 마음이 정화되는 그림이 또 없지요. 식물과 햇살이 있는 따뜻한 그림을 만들어봅시다.

그림 5-78

그리기 가이드, 클리핑 마스크를 활용하여 스케치를 진행해보겠습니다. 스케치의 난이도가 높은 그림입니다. 드로잉을 많이 해주신다면 쉽게 스케치할 수 있습니다. 그린다는 생각보다는 위치, 크기, 기울기를 표시한다는 생각으로 진행해주세요.

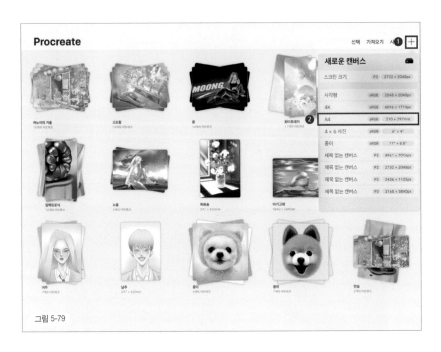

그림 5-79

01 우측 상단의 +를 터치한 뒤 A4 사이즈를 선택하여 새로운 캔버스를 제작해주세요.

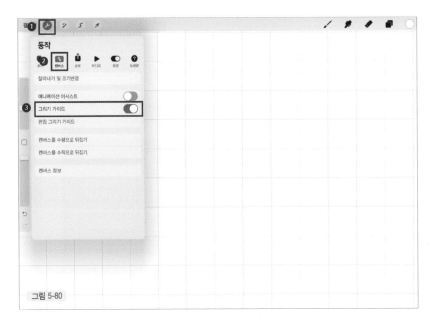

그림 5-80

02 동작 – 캔버스 – 그리기 가이드를 활성화시켜주세요.

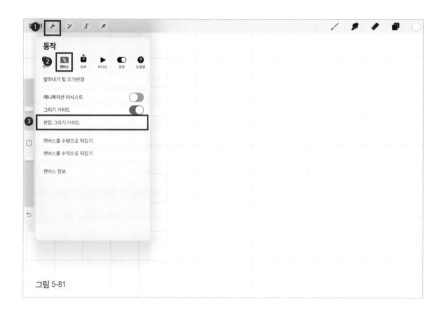

그림 5-81

03 동작 – 캔버스 – 편집 그리기 가이드를 터치해주세요.

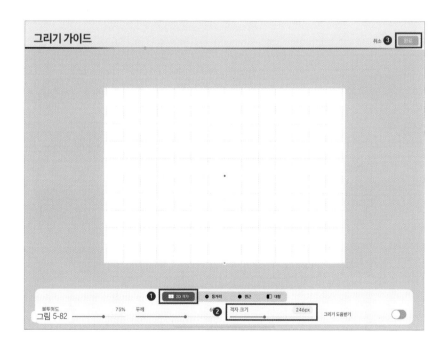

그림 5-82

04 격자 크기를 246px로 설정해주신 후 완료를 터치해주세요.

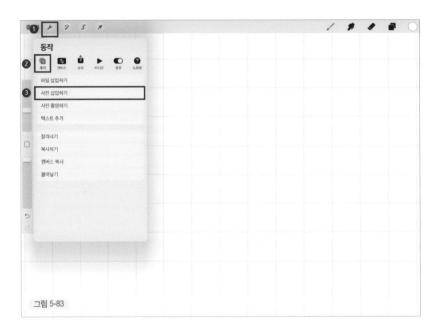

그림 5-83

05 **동작 – 추가 – 사진 삽입하기**에서 식물.jpg를 삽입한 후 왼쪽에 위치해주세요.

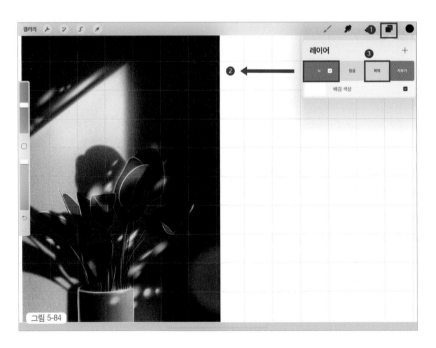

그림 5-84

06 레이어를 왼쪽으로 당기면 나오는 메뉴에서 복제를 터치해주세요.

그림 5-85

07 레이어에서 복제된 레이어를 두 개의 손가락을 오른쪽으로 밀어 알파채널 잠금을 해주세요.

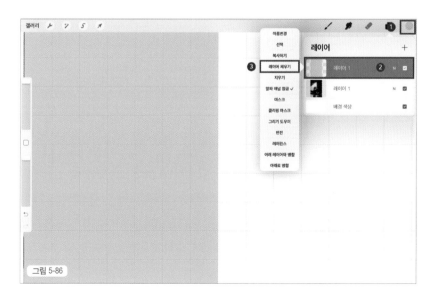

그림 5-86

08 색상은 밝은 회색 계열을 선택하고 알파채널로 잠긴 레이어를 터치한 뒤 **레이어 채우기**를 터치하면 선택되어 있는 색상이 채워집니다.

그림 5-87

09 색상이 채워진 레이어를 변형툴에서 균등을 터치한 뒤 오른쪽으로 화면을 드래그하여
위치해줍니다.

책과 영상을 통해 독자 여러분들이 가장 편하게 스케치를 할 수 있는 방법에 대해 고민했습
니다. 예시 자료와 작업하는 그림의 크기와 위치를 동일하게 하면 좀 더 쉽게 스케치를 할
수 있습니다. 알파 채널 잠금과 레이어 채우기, 변형툴을 활용하여 예시 자료와 동일한 그림
의 위치, 크기로 제작해보세요.

위치와 크기의 설정이 끝나면 그리기 가이드를 활용하여 스케치를 진행합니다. 이번 그림
은 스케치가 조금 복잡하지만 크고 중요한 부분부터 스케치하면 아주 쉽게 그릴 수 있습
니다. 자연물의 경우 예시 자료와 조금은 달라도 무관합니다. 가장 크고 중요한 것만 예시
자료와 비슷하게 스케치하고, 중요하지 않은 부분은 대략적으로 표현해도 충분히 자연스러
운 식물을 그려낼 수 있습니다.

TIP 스케치할 때 브러시는 목탄 브러시, 테크니컬 연필 브러시, 또는 노이즈 브러시를 사용해도 무관합니다. 자신에게 잘
맞는 브러시를 찾아서 표현하면 됩니다.

그림 5-88

10   레이어에서 우측 상단의 +를 터치하여 새로운 레이어를 추가해주세요.

그림 5-89

11   추가된 레이어 – 클리핑 마스크를 터치해주세요.

그림 5-90

12 브러시 – 뭉 – 뭉 포도나무 목탄을 선택해주시고 색상은 자유롭게 어두운 회색 계열로
선택해주세요.

그림 5-91

13 위치, 크기, 기울기를 가장 크고 중요한 것부터 스케치해주세요.

그림 5-92

14 레이어에서 우측 상단의 +를 터치하여 새로운 레이어를 추가해주세요.

그림 5-93

15 추가된 레이어 – 클리핑 마스크를 터치해주세요.

그림 5-94

16 브러시 – 잉크 – 스튜디오 펜을 선택하고, 색상은 자유롭게 하시거나 검정으로 선택해주세요.

그림 5-95

17 펜슬의 필압 강약을 조절하면서 스케치를 완성해주세요.

그림 5-96

18 레이어에서 목탄으로 그렸던 스케치 레이어의 오른쪽에 있는 체크박스를 해제하여 숨기기를 해주세요.

선택툴을 활용해서 밑색을 채색해볼 텐데요. 그림을 그릴 때 여러 가지 툴을 사용하면 쉽고 빠른 속도로 그림을 그릴 수 있답니다. 영상을 보면서 같이 따라 해보세요.

그림 5-97

19 나뭇잎 레이어가 선택된 채로 선택툴에서 자동을 터치한 뒤 나뭇잎 안에 채색될 부분
을 터치해주세요. 파란색 부분이 선택된 부분입니다.

그림 5-98

20 레이어에서 우측 상단의 +를 터치하여 새로운 레이어를 추가해주세요.

그림 5-99

21   추가된 레이어 – 클리핑 마스크를 터치해주세요.

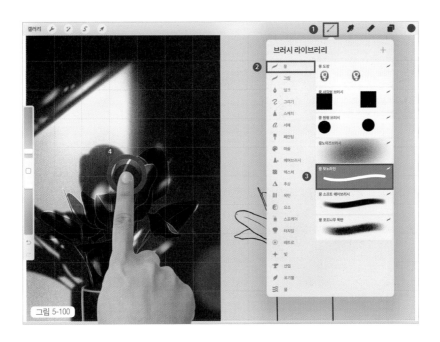

그림 5-100

22   브러시 – 뭉 – 뭉 모노라인, 색상은 초록색 계열로 선택해주세요. (16진값: 656a03)

그림 5-101

23 선택된 부분을 채색해주세요.

그림 5-102

24 레이어에서 채색된 레이어를 길게 터치하여 스케치 레이어 아래로 드래그해주세요.

그림 5-103

25 레이어에서 우측 상단의 +를 터치하여 새로운 레이어를 추가해주세요. 레이어의 위치
    는 나뭇잎 레이어 아래로 올 수 있도록 해주세요.

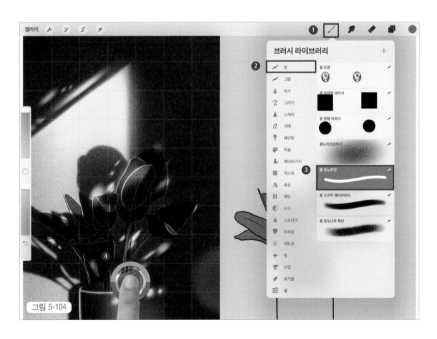

그림 5-104

26 **브러시 - 뭉 - 뭉 모노라인**, 색상은 붉은 회색 계열로 예제 자료를 길게 터치하여 스포이
    드해주세요. (16진값: d0b2a0)

그림 5-105

27 화분 테두리를 그린 후 안에도 꼼꼼히 채색해주세요.

그림자를 관찰하여 그리거나 자연스러운 그림자를 표현하는 방법은 아주 어려운데요. 프로
크리에이트에서는 쉽고 간단한 툴이 아주 많답니다. 형태가 왜곡되어 보이는 그림자의 이
미지와 자연스러운 색감을 모두 표현해보도록 하겠습니다. 영상을 보시면서 차근차근 진행
해보세요.

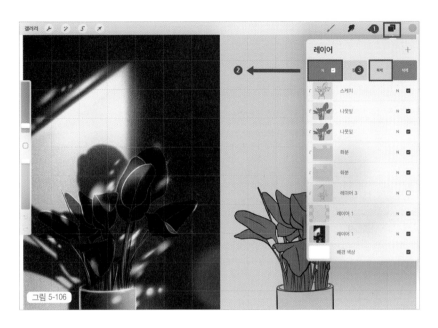

그림 5-106

28 레이어에서 화분 레이어를 왼쪽으로 드래그하여 복제해주세요. 나뭇잎 레이어, 스케
    치 레이어도 복제해주세요.

그림 5-107

29 레이어에서 복제된 스케치 레이어, 나뭇잎 레이어, 화분 레이어를 오른쪽으로 밀어 다
    중 선택해주세요.

그림 5-108

30 다중 선택된 레이어를 길게 터치하여 위쪽으로 드래그하면 다중 선택된 레이어들이
     모두 위로 이동합니다.

그림 5-109

31 두 개의 손가락으로 꼬집듯이 다중 선택된 레이어를 모두 병합합니다.

그림 5-110

32 병합된 레이어 – 이름 변경을 터치하여 레이어 이름을 그림자로 변경해주세요.

그림 5-111

33 그림자 레이어를 두 개의 손가락을 터치하여 오른쪽으로 밀어 알파채널 잠금을 실행합니다.

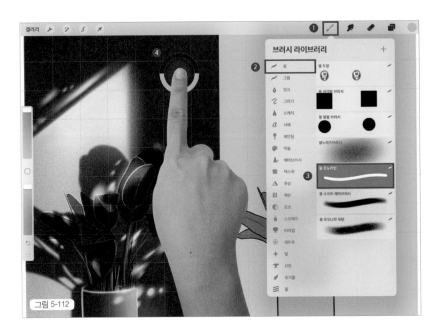

그림 5-112

34 브러시 – 뭉 – 뭉 모노라인, 색상은 파란색 계열로 예제 자료를 길게 터치하여 스포이드
해주세요. (16진값: 2a175e)

그림 5-113

35 그림자 레이어를 파란색 계열로 채색해주세요.

254

그림 5-114

36 **변형툴 - 왜곡**을 터치한 후 왼쪽 부분의 사각형을 드래그하여 왜곡된 형태로 그림자의
　　 모양을 표현해주세요.

그림 5-115

37 레이어에서 우측 상단의 +를 터치하여 새로운 레이어를 추가해주세요.

그림 5-116

38 추가된 레이어를 터치한 뒤 클리핑 마스크를 터치해주세요.

그림 5-117

39 브러시 - 뭉 - 뭉 노이즈브러시, 색상은 파란색 계열로 나뭇잎의 그림자 색상을 스포이
드하여 선택해주세요. (16진값: 2a175e)

그림 5-118

40 배경의 그림자를 채색해주세요. 경계 부분에서 깔끔한 부분은 브러시 크기를 작게 줄이고 힘을 세게 주거나 경계가 흐릿한 부분은 브러시 크기를 크게 하여 힘을 뺀 채로 진행해주세요.

그림 5-119

41 레이어에서 나뭇잎의 그림자 레이어와 새로 만든 그림자 레이어를 두 개의 손가락으로 꼬집어서 레이어 병합을 해주세요.

그림 5-120

42 브러시 - 뭉 - 뭉 모노라인, 색상은 파란색 계열로 나뭇잎의 그림자 색상을 길게 터치하
여 스포이드 해주세요. (16진값: 2a175e)

그림 5-121

43 화분에서 그림자 부분의 형태를 고쳐줍니다. 채색하며 어색한 부분은 지우개로 지워
가며 화분의 형태를 다듬어주세요. 지우개도 뭉 모노라인브러시를 사용합니다.

그림 5-122

44   레이어 – 블렌드 모드 N – 곱하기 – 불투명도 90%로 설정해주세요.

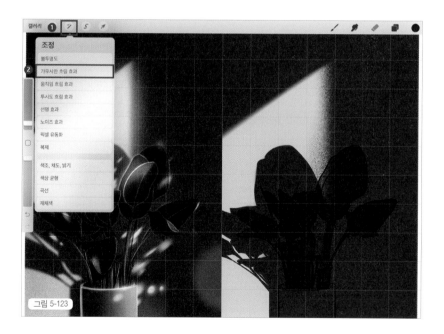

그림 5-123

45   조정 – 가우시안 흐림 효과를 터치해주세요.

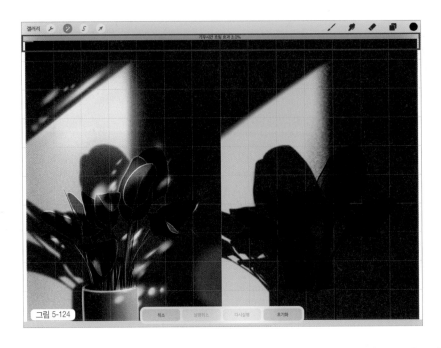

그림 5-124

46 화면을 오른쪽으로 슬라이드하여 3.0%로 설정해주신 후 사용한 조정툴은 꺼주세요.

드디어 빛을 표현합니다. 빛의 따뜻함과 환상적인 느낌을 표현하기 위해 그림자를 열심히 그리셨을 텐데요. 이제 빛의 향연으로 빠져봅시다.

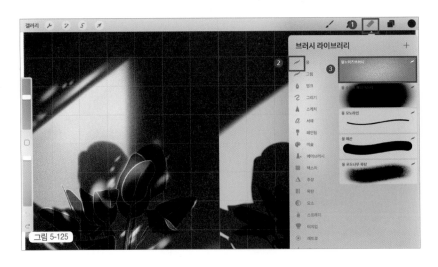

그림 5-125

47 그림자 레이어가 선택된 상태에서 **지우개 – 뭉 – 뭉 노이즈 브러시**를 터치해주세요.

그림 5-126

48 지우개로 빛이 들어갈 부분을 지워주세요. 빛이 강렬하게 떨어지는 부분은 힘을 세게
    주거나 브러시의 크기를 작게 해주세요. 빛이 은은하게 떨어지는 부분은 힘을 약하게
    주거나 브러시의 크기를 크게 작업해주세요.

그림 5-127

49 레이어에서 우측 상단의 +를 터치하여 새로운 레이어를 추가해주세요.

그림 5-128

50 추가된 레이어 – 클리핑 마스크를 터치해주세요.

그림 5-129

51 블렌드 모드 N – 추가로 설정해주세요.

그림 5-130

52 브러시 – 뭉 – 뭉 노이즈 브러시로 설정해주세요.

그림 5-131

53 색상 – 값 – 16진값: d28c31로 설정해주세요.

그림 5-132

54 빛 표현의 경우 브러시의 필압과 크기 조절이 아주 중요합니다. 빛이 강렬하게 떨어지
    는 부분은 힘을 세게 주거나 브러시의 크기를 작게 해주세요. 빛이 은은하게 떨어지는
    부분은 힘을 약하게 주거나 브러시의 크기를 크게 작업해주세요.

그림 5-133

55 레이어에서 우측 상단의 +를 터치하여 새로운 레이어를 추가해주세요.

그림 5-134

56   추가된 레이어 – 클리핑 마스크를 터치해주세요.

그림 5-135

57   레이어 – 블렌드 모드 N – 추가로 설정해주세요.

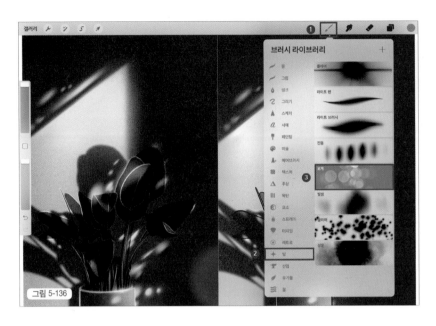

그림 5-136

58 **브러시 – 빛 – 보케**로 설정해주세요. 색상은 빛 레이어를 표현할 때 동일한 색상으로 사용합니다.

그림 5-137

59 브러시 커서는 최대 크기로 해주신 후 채색해주세요. 힘을 뺀 채로 연하게 채색합니다.

그림 5-138

60   레이어 – 그림자 레이어의 블렌드 모드 N – 곱하기로 설정해주세요.

이제 그림이 완성 단계이네요. 필자는 이 단계를 아주 중요하게 생각합니다. 보통 스케치와
채색은 꼼꼼히 하고 마지막 단계에 대충 마무리를 짓는 경우가 많은데요. 작은 디테일을 올
리는 작업이 작품의 완성도를 결정짓는답니다. 마지막까지 꼼꼼히 진행해주세요.

그림 5-139

61 레이어 – 스케치 레이어를 두 개의 손가락을 사용하여 오른쪽으로 당겨 알파채널 잠금
을 해주세요.

그림 5-140

62 빛의 효과적인 표현을 위해서 스케치의 색상을 변경합니다. **브러시 – 뭉 – 뭉 노이즈브
러시**로 선택하시고 색상은 예제 자료의 연두색 부분을 길게 터치하여 스포이드 해주
세요. (16진값: fff06b)

그림 5-141

63 스케치를 밝게 채색해주세요.

그림 5-142

64 나뭇잎 레이어 위에서 두 개의 손가락을 오른쪽으로 당겨 알파채널 잠금을 해주세요.

그림 5-143

65 브러시 – 뭉 – 뭉 노이즈브러시를 터치해주세요.

그림 5-144

66 색상 – 값 – 16진값: 395b2d로 설정해주세요.

그림 5-145

67   나뭇잎을 채색해주세요.

그림 5-146

68   레이어에서 배경 레이어를 선택해주세요.

그림 5-147

69 브러시 – 뭉 – 뭉 노이즈브러시를 터치해주세요.

그림 5-148

70 색상 – 값 – 16진값: 717171로 설정해주세요.

그림 5-149

71 외곽이 어두워질 수 있도록 채색해주세요.

그림 5-150

72 그림자 레이어 위에서 두 개의 손가락을 오른쪽으로 당겨 알파채널 잠금을 해주세요.

그림 5-151

73 브러시 – 뭉 – 뭉 노이즈브러시를 터치해주세요.

그림 5-152

74 색상 – 값 – 16진값: 000751로 설정해주세요.

그림 5-153

75 그림자를 채색해주세요.

그림 5-154

76 레이어에서 우측 상단의 +를 터치하여 새로운 레이어를 추가해주세요.

그림 5-155

77 추가된 레이어 – 클리핑 마스크를 터치해주세요.

그림 5-156

78 레이어 – 추가된 레이어의 블렌드 모드 N – 곱하기로 설정해주세요.

그림 5-157

79 색상 − 값 − 16진값: ffba13으로 설정해주세요.

그림 5-158

80 우측 상단의 색상을 화면으로 드래그해서 채색해주세요.

그림 5-159

81   레이어 – 채색한 레이어의 블렌드 모드 N – 불투명도를 45%로 설정해주세요.

그림 5-160

82   지우개 – 뭉 – 뭉 노이즈브러시를 터치해주세요.

그림 5-161

83 외곽의 파란 톤이 느껴져야 하는 부분은 지워주세요. 브러시 크기는 크게 할수록 좋습
니다.

색 상

핵 심 정 리

·

CHAPTER

6

CHAPTER

6

01

Tool 도구 - 색상

원하는 색상을 선택하고 이전에 만들었던 색상을 또 사용하고 싶을 때 어려움이 많았을 거예요. 색상을 좀 더 쉽게 선택하는 방법, 내가 사용했던 색상을 보관하는 방법, 나만의 팔레트를 제작하는 방법을 알려드릴게요. 차근차근 색상을 익혀봅시다.

디스크

동그란 모양의 바깥 부분에 회전하면서 선택할 수 있는 색상환입니다. 단점은 정확히 원하는 색상을 고르기가 힘듭니다. 예를 들면, 100% 흰색 혹은 검은색을 선택하기 위해서는 두 번 터치하면 채도의 0%, 50%, 100%를 선택할 수 있습니다. 가운데를 두 번 터치하면 중간, 양 끝단을 두 번 터치하면 자동으로 가장 끝 쪽의 채도가 선택됩니다.

❶ 색상: 오른쪽 상단의 두 사각형으로 새로운 색을 선택하면 오른쪽 부분에 선택된 색상이 표시되고, 왼쪽은 이전에 선택한 색상이 표시됩니다. 이전 색상으로 돌아가고 싶으면 왼쪽 색상을 선택하면 됩니다.

❷ 중앙 원: 겉에 있는 링은 hue ring으로 컬러를 선택하며 가운데 링은 saturation disc - hue ring로 선택된 색상으로 채도를 조절할 수 있습니다. 중간에 원

그림 6-1

은 더 디테일하게 조절할 수 있도록 손을 펼쳐서 크게 조절이 가능합니다.

클래식

네모 모양으로 한 줄에 따로 된 색상환입니다. 포토샵의 기본 기능으로 익숙할 텐데요. 흰색과 검정색을 찾기가 아주 쉽기 때문에 자주 사용됩니다.

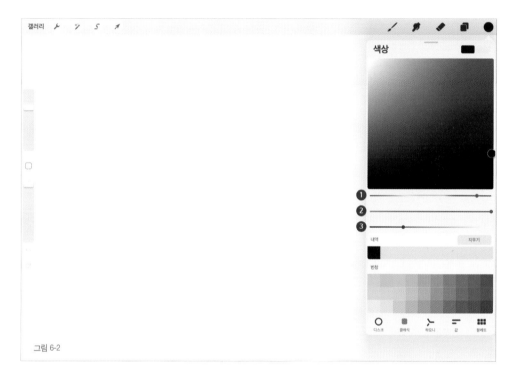

그림 6-2

❶ HSB 슬라이더: 색상을 조절하는 슬라이드입니다.

❷ Saturation: 채도를 조절하는 슬라이드입니다.

❸ Brightness: 밝기를 조절하는 슬라이드입니다.

하모니

선택된 색상의 보색, 보색 분할, 유사, 삼합, 사합을 확인 후 선택할 수 있습니다. 색상을 선택하는 데 고민이 되는 분들은 하모니 기능을 활용하시면 더욱 풍부한 색감의 그림을 그리실 수 있는 기능입니다.

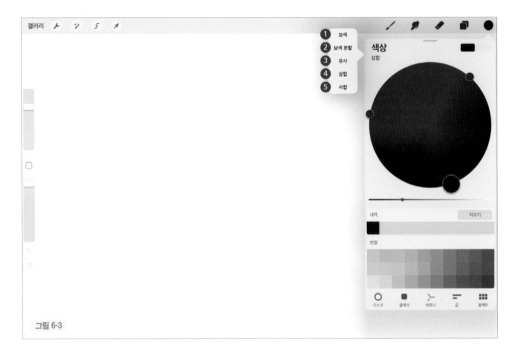

그림 6-3

❶ **보색**: 선택한 색상의 반대되는 색상을 선택할 수 있습니다.

❷ **보색 분할**: 선택한 색의 보색을 두 색으로 나누어 선택할 수 있습니다.

❸ **유사**: 서로 이웃하며 선택된 색의 바탕에 공통된 성질을 가지고 있는 색상입니다.

❹ **삼합**: 같은 채도의 세 가지 색을 선택할 수 있습니다.

❺ **사합**: 같은 채도의 네 가지 색을 선택할 수 있습니다.

00 ~ FF 까지의 범위를 갖는 색상을 선택합니다. 만약 자신이 원하는 정확한 색상값을 가지고 있다면 직접 입력하여 빠르게 사용 가능합니다.

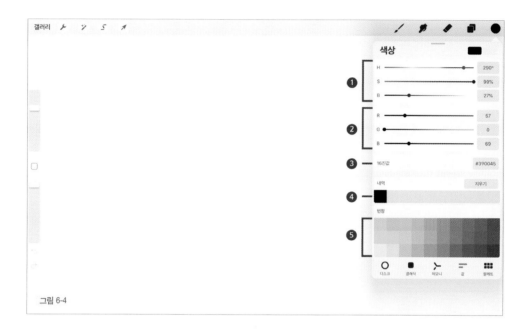

그림 6-4

❶ HSB slider: 색상, 채도, 밝기로 만듭니다.

❷ RGB slider: 레드, 그린, 블루를 섞어 만듭니다.

❸ 16진값: 원하는 정확한 색상값을 입력하여 사용 가능합니다.

❹ 내역: 사용했던 최근의 색상들이 나타납니다.

❺ 팔레트: 자신이 선택하고 등록해둔 색들을 언제든 사용할 수 있도록 저장해두는 기능입니다. 다른 유저의 팔레트를 앱으로 불러오거나 내가 만든 팔레트를 공유할 수 있습니다.

팔레트

자신이 선택했던 색들을 언제든 사용할 수 있도록 저장할 수 있는 기능입니다. 다른 유저의
팔레트를 앱으로 불러오거나 내가 만든 팔레트를 공유할 수 있습니다.

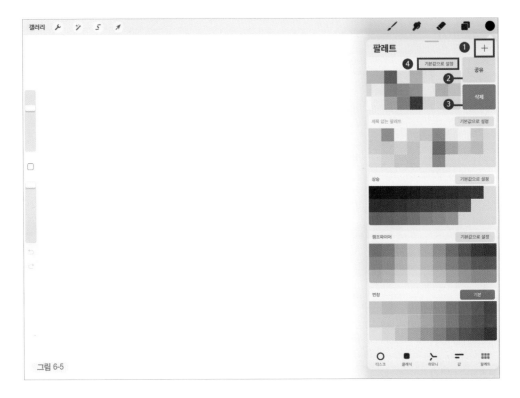

그림 6-5

❶ **우측 상단의 +**: 새로운 팔레트를 제작할 수 있는 기능입니다. 원하는 색을 지정하여 나만
의 팔레트를 만들 때 사용합니다.

❷ **공유**: 나만의 팔레트를 동료들에게 공유할 수 있는 기능입니다. 팔레트를 왼쪽으로 당겨
서 공유합니다.

❸ **삭제**: 팔레트를 왼쪽으로 당겨서 삭제합니다.

❹ **기본값으로 설정**: 색상을 선택할 때에 기본값으로 설정된 팔레트의 색상을 하단에서 고를
수 있습니다.

자주 쓰는 색상을 미리 저장해두어서 빠르고 쉽게 색상을 선택할 수 있는 기능입니다.

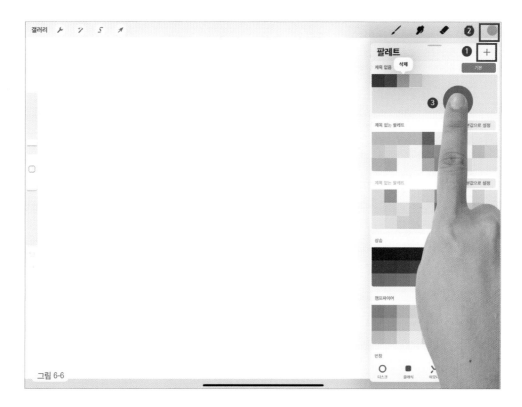

그림 6-6

01 우측 상단의 +를 터치합니다.

02 상단의 디스크에서 색상을 선택하고 팔레트의 빈 부분을 터치하면 팔레트에 선택한 색상이 추가됩니다.

03 추가한 색상을 길게 터치하면 삭제가 가능합니다.

일 러 스 트

실 습 도 전

·

CHAPTER

7

01

예제를 활용한
실전 도전하기

그림 7-1

스케치를 할 때 그리기 가이드를 활용하면 예시 자료와 캔버스를 동일한 크기와 위치에 놓을 수 있어서 편하게 스케치를 할 수 있습니다. 천천히 따라해 보시고 어려운 부분은 영상을 참고하시거나 카페 게시판을 이용해 주세요.

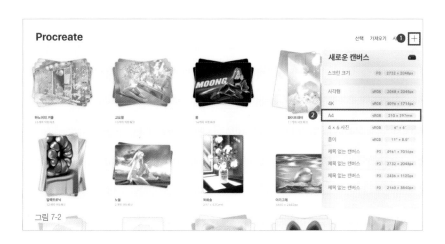

그림 7-2

01 우측 상단의 +를 터치한 뒤 A4 사이즈를 터치하여 새로운 캔버스를 제작해주세요.

그림 7-3

02 **동작 - 캔버스 - 그리기 가이드**를 활성화시켜주세요.

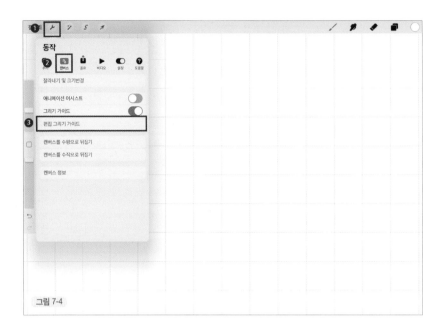

그림 7-4

03 동작 – 캔버스 – 편집 그리기 가이드를 터치해주세요.

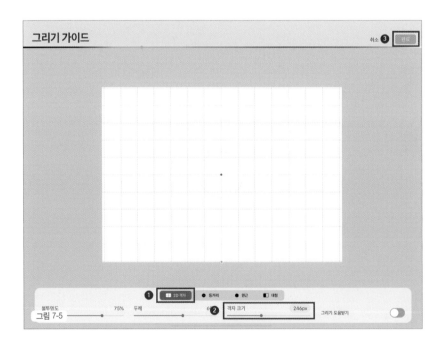

그림 7-5

04 격자 크기를 246px로 설정해주신 후 완료를 터치해주세요.

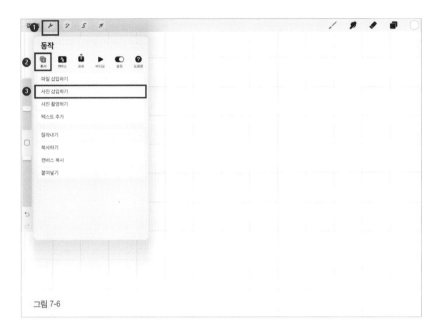

그림 7-6

05 **동작 – 추가 – 사진 삽입하기**에서 아이스크림.jpg를 삽입한 후 왼쪽에 위치해주세요.

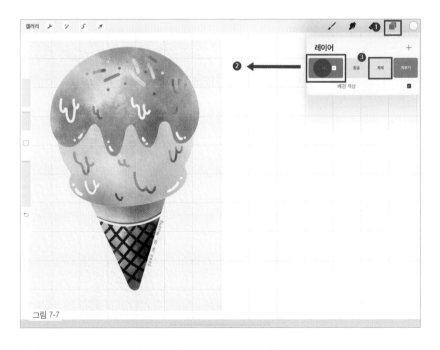

그림 7-7

06 레이어를 왼쪽으로 당기면 나오는 메뉴에서 복제를 터치해주세요.

그림 7-8

07 복제된 레이어 위에서 두 개의 손가락을 오른쪽으로 밀어 알파채널 잠금을 해주세요.

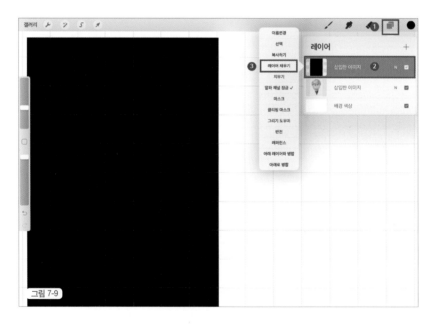

그림 7-9

08 알파채널 적용된 레이어를 터치하면 나오는 메뉴에서 **레이어 채우기**를 터치하면 선택되어 있는 색상이 채워집니다. 색상은 흰색을 제외하고 어떤 것을 사용해도 무관합니다.

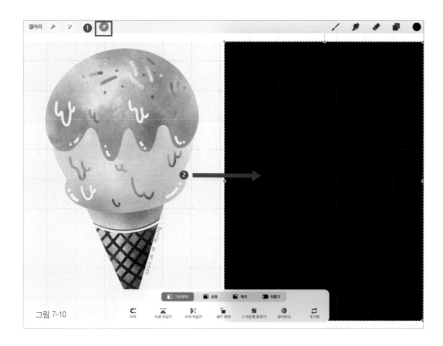

그림 7-10

09 색상이 채워진 레이어를 변형툴을 터치하여 오른쪽으로 드래그하여 위치해줍니다.

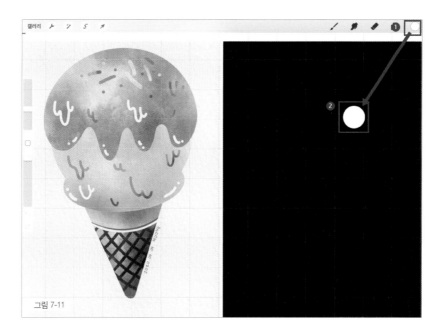

그림 7-11

10 우측 상단의 색상에서 흰색을 선택합니다. 색상이 채워진 레이어를 흰색으로 색상을 드래그하여 변경해줍니다. (16진값: ffffff)

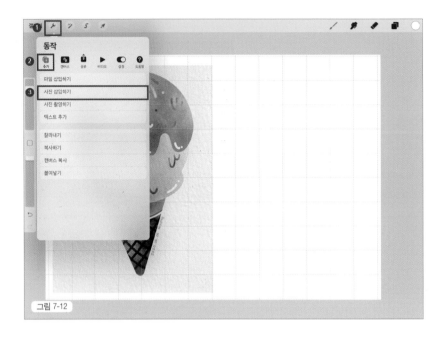

그림 7-12

11   **동작 - 추가 - 사진 삽입하기**를 터치하여 수채화종이질감.jpg를 삽입해주세요.

그림 7-13

12   삽입한 수채화 종이 질감 레이어를 터치하면 나오는 메뉴에서 **클리핑 마스크**를 터치해
주세요.

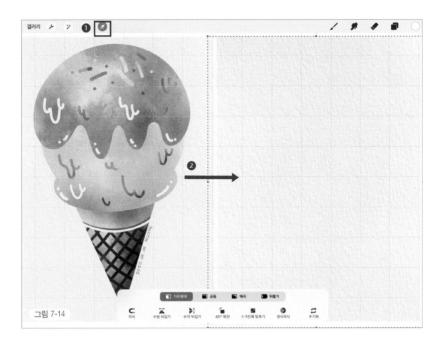

그림 7-14

13 변형툴을 터치하여 오른쪽으로 위치시켜주세요.

그림 7-15

14 레이어 – 수채화 종이 질감 레이어의 N 블렌드 모드 – 곱하기를 터치해주세요.

그림 7-16

15 레이어에서 우측 상단의 +를 터치하여 새로운 레이어를 추가해주세요.

그림 7-17

16 추가한 레이어를 길게 터치한 채로 수채화 종이 질감 레이어 아래로 드래그하여 위치
해주세요.

이번 스케치의 경우 동그란 아이스크림의 표현이 가장 중요합니다. 음식의 경우 탐스럽고 먹음직스럽게 스케치해주셔야 예쁜 음식 일러스트의 표현이 가능하기 때문에 원형이 찌그러지거나 너무 작지 않게 스케치해야 합니다. 아이스크림이 녹아 흘러내리는 느낌의 표현이 어색하지 않게 정확한 위치와 크기로 표현해주세요. 원형의 형태를 나타내기 어렵다면 캔버스를 회전하면서 그리면 좀 더 동그란 원을 표현할 수 있습니다.

스케치를 정확하게 하기 위해서는 같은 자세로 그림을 그리는 것보다는 캔버스를 확대, 축소, 회전시키면서 자신이 그린 부분이 맞는지 계속해서 확인하는 게 좋습니다. 필자는 그림을 멀리서 보거나 뒤집어서 보는 등 다양한 방법으로 형태를 확인합니다. 스케치가 어렵다면 영상을 참고하면서 차근차근 진행해보세요.

그림 7-18

17 브러시 – 뭉 – 뭉 포도나무 목탄을 터치하고 색상은 자유롭게 회색 계열로 선택해주세요.

그림 7-19

18 위치, 크기, 기울기를 가장 크고 중요한 것부터 스케치해주세요.

그림 7-20

19 레이어에서 우측 상단의 +를 터치하여 새로운 레이어를 추가해주세요.

그림 7-21

20 추가한 레이어를 길게 터치하여 스케치 레이어 아래로 이동시켜주세요.

그림 7-22

21 **브러시 – 뭉 – 뭉 모노라인**을 선택하고 색상은 갈색 계열 또는 어떤 것이든 무관하니 자유롭게 선택해주세요.

그림 7-23

22 직선 그리기를 활용하여 테두리를 그린 후 안에도 꼼꼼히 채색해주세요.

그림 7-24

23 레이어에서 우측 상단의 +를 터치하여 새로운 레이어를 추가해주세요.

그림 7-25

24 **브러시 – 뭉 – 뭉 모노라인**을 선택하고 색상은 연한 핑크 계열 또는 어떤 것이든 무관하니 자유롭게 선택하여 테두리를 그린 후 안에도 꼼꼼히 채색해주세요.

그림 7-26

25 레이어에서 우측 상단의 +를 터치하여 새로운 레이어를 추가해주세요.

그림 7-27

26 브러시 – 뭉 – 뭉 모노라인을 선택하고 색상은 진한 핑크 계열 또는 어떤 것이든 무관하
    니 자유롭게 선택하여 테두리를 그린 후 안에도 꼼꼼히 채색해주세요.

그림 7-28

27 레이어 – 스케치 레이어의 우측에 위치한 체크 모양을 해제하면 스케치 레이어가 숨겨
    집니다.

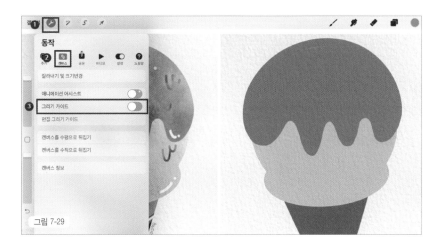

그림 7-29

28 동작 - 캔버스 - 그리기 가이드를 꺼주세요.

수채화 효과를 나타내는 가장 쉬운 방법을 소개합니다. 수작업의 질감을 디지털 페인팅에서 표현하기가 어려우셨을 텐데요. 펜슬의 필압을 조절하여 수채화의 질감을 표현해봅시다.

그림 7-30

29 아이스크림콘 레이어 위에서 두 개의 손가락을 오른쪽으로 밀어 알파채널 잠금을 해주세요.

그림 7-31

30 브러시 – 뭉 – 뭉 모노라인, 색상은 화이트로 선택한 후 아이스크림콘을 흰색으로 채색 해주세요. (16진값: ec6a00)

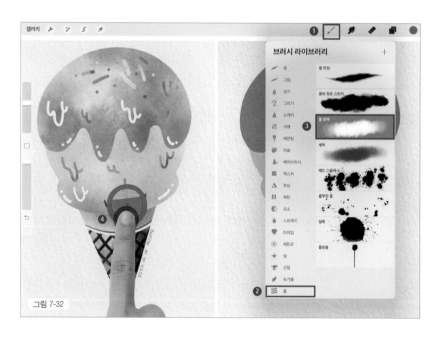

그림 7-32

31 브러시 – 물 – 물 광택을 선택, 색상은 갈색 계열을 손가락으로 길게 터치하여 스포이드 해주세요. (16진값: ecba00)

그림 7-33

32 브러시 크기는 40% 정도로 크게 해주시고 톡톡 두드리듯 채색해주세요. 밝은 곳은 힘을 뺀 채로 톡톡 두드려주시고 어두운 부분은 힘을 세게 톡톡 두드리듯 채색해주세요.

그림 7-34

33 연한 아이스크림 레이어 위에서 두 개의 손가락을 오른쪽으로 밀어 알파채널 잠금을 해주세요.

그림 7-35

34 브러시 – 뭉 – 뭉 모노라인, 색상은 화이트로 선택한 후 연한 아이스크림을 흰색으로 채색해주세요. (16진값: ffffff)

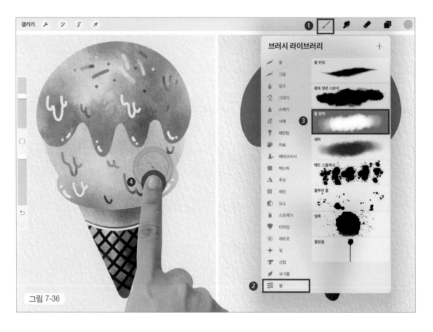

그림 7-36

35 브러시 – 물 – 물 광택을 선택, 색상은 연한 핑크 계열을 손가락으로 길게 터치하여 스포이드 해주세요. (16진값: ffcacd)

그림 7-37

36 브러시 크기는 50% 정도로 크게 해주시고 톡톡 두드리듯 채색해주세요. 밝은 곳은 힘
을 뺀 채로 톡톡 두드려 주시고 어두운 부분은 힘을 세게 톡톡 두드리듯 채색해주세요.

그림 7-38

37 진한 아이스크림 레이어 위에서 두 개의 손가락을 오른쪽으로 밀어 알파 채널 잠금을
해주세요.

그림 7-39

38 브러시 – 뭉 – 뭉 모노라인, 색상은 화이트로 선택한 후 진한 아이스크림을 흰색으로 채
    색해주세요. (16진값: ffffff)

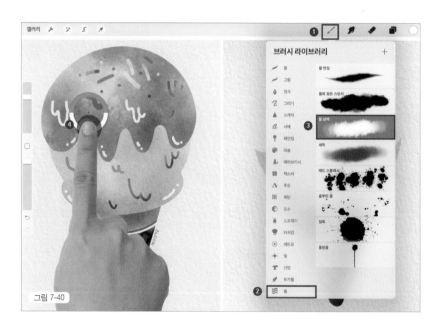

그림 7-40

39 브러시 – 물 – 물 광택을 선택, 색상은 진한 핑크 계열을 손가락으로 길게 터치하여 스
    포이드 해주세요. (16진값: ff7e86)

그림 7-41

40 브러시 크기는 50% 정도로 크게 해주시고 톡톡 두드리듯 채색해주세요. 밝은 곳은 힘을 뺀 채로 톡톡 두드려주시고 어두운 부분은 힘을 세게 톡톡 두드리듯 채색해주세요.

이제 아이스크림의 묘사와 꾸미기를 진행해볼 텐데요. 귀여운 아이스크림의 느낌이 표현되는 부분이니 작은 요소들의 배치, 간격, 크기를 고려하며 표현해봅니다.

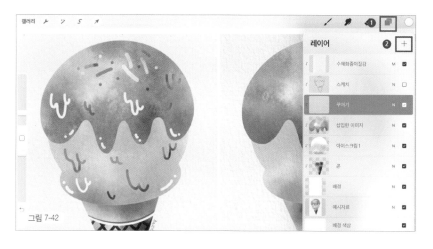

그림 7-42

41 레이어에서 우측 상단의 +를 터치하여 새로운 레이어를 추가해주세요.

그림 7-43

42 브러시 – 뭉 – 뭉 모노라인, 색상은 화이트로 선택해주세요. (16진값: ffffff)

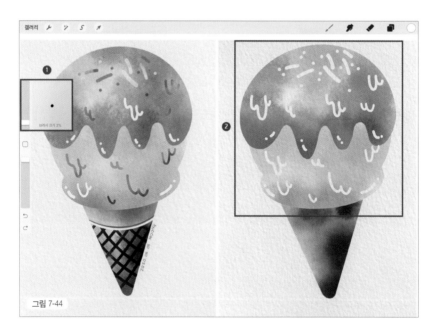

그림 7-44

43 브러시 크기는 작은 크기인 예시 자료와 동일한 두께로 채색해주세요.

그림 7-45

44   꾸미기 레이어 위에서 두 개의 손가락을 오른쪽으로 밀어 알파채널 잠금을 해주세요.

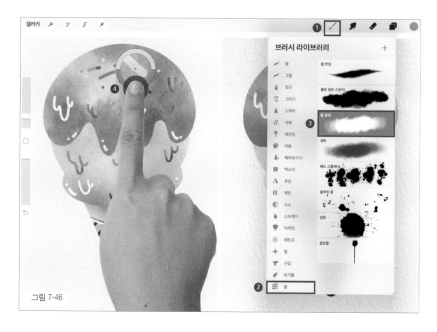

그림 7-46

45   **브러시 – 물 – 물 광택 브러시**를 선택, 색상은 예시 자료의 알록달록한 핑크, 하늘, 연보
라색 등을 손가락으로 길게 터치하여 스포이드 해주세요.

그림 7-47

46 톡톡 두드리듯 알록달록하게 채색해주세요. 밝은 곳은 힘을 뺀 채로 톡톡 두드려주시고 어두운 부분은 힘을 세게 톡톡 두드리듯 채색해주세요.

아이스크림 콘의 네모난 모양을 어렵게 생각하시는 분들이 있어요. 프로크리에이트와 함께라면 아주 쉽게 표현하실 수 있습니다. 필자와 함께 차근차근 따라해봅시다.

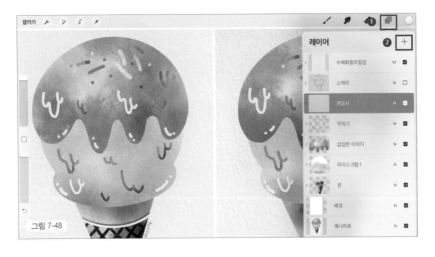

그림 7-48

47 레이어에서 우측 상단의 +를 터치하여 새로운 레이어를 추가해주세요.

그림 7-49

48 추가한 레이어를 길게 터치하여 아이스크림콘 레이어 위로 드래그하여 이동해주세요.

그림 7-50

49 브러시 – 뭉 – 뭉 모노라인, 색상은 화이트로 선택해주세요. (16진값: ffffff)

그림 7-51

50 브러시 크기는 작게 설정하여 예시 자료와 동일한 두께로 채색해주세요.

그림 7-52

51 채색한 레이어 위에서 두 개의 손가락을 오른쪽으로 밀어 알파채널 잠금을 해주세요.

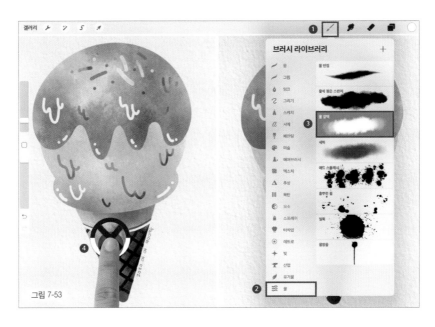

그림 7-53

52 **브러시 – 물 – 물 광택 브러시**를 선택, 색상은 예시 자료의 갈색 계열을 손가락으로 길게 터치하여 스포이드 해주세요. (16진값: aa1e00)

그림 7-54

53 톡톡 두드리듯 채색해주세요. 밝은 곳은 힘을 뺀 채로 톡톡 두드려주시고 어두운 부분 은 힘을 세게 톡톡 두드리듯 채색해주세요.

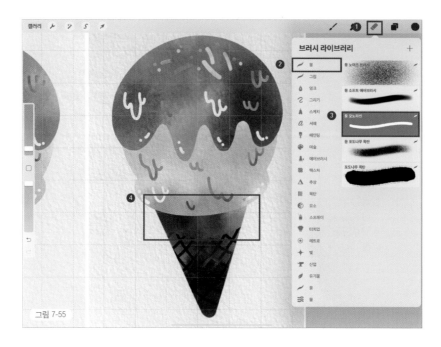

그림 7-55

54 지우개 – 뭉 – 뭉 모노라인 브러시를 선택하여 불필요한 부분을 지우개로 지워줍니다.

그림 7-56

55 레이어들 중 콘 레이어, 콘 묘사 레이어를 두 개의 손가락으로 꼬집듯이 병합해주세요.

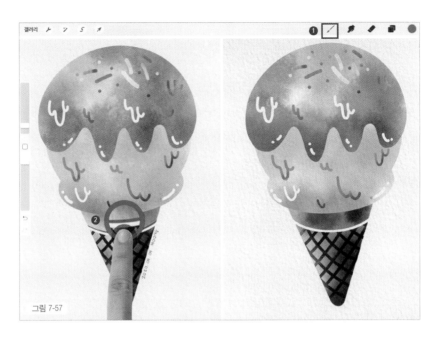

그림 7-57

56 **브러시 – 뭉 – 뭉 모노라인**을 선택해주시고 색상은 흰색, 파란색을 손가락으로 길게 터치하여 스포이드 해주세요.

그림 7-58

57 아이스크림에 얇은 선을 채색해주세요.

이제 마무리 단계이네요. 명도, 채도 및 색 보정을 하는 방법을 배워보겠습니다. 그리고 가장 중요한 작가 사인을 해야 될 단계이네요. 귀여운 일러스트와 어울리는 사인을 해봅시다.

그림 7-59

58 레이어에서 우측 상단의 +를 터치하여 새로운 레이어를 추가해주세요.

그림 7-60

59 브러시 - 스케치 - Procreate 펜슬을 선택, 색상은 갈색 계열을 선택해주세요.

그림 7-61

60 원하는 위치에 오늘 날짜, 작가 사인을 써주세요. 작은 글씨일수록 아이스크림처럼 귀
    여워보인답니다.

그림 7-62

61 레이어에서 우측 상단의 +를 터치하여 맨 위에 새로운 레이어를 추가해주세요.

그림 7-63

62 레이어 – 클리핑 마스크를 터치해주세요.

그림 7-64

63 레이어 – 블렌드 모드 N – 곱하기를 터치해주세요.

그림 7-65

64 색상으로 연한 핑크를 선택하고 레이어를 터치하여 레이어 채우기를 터치해주세요.

그림 7-66

65 레이어 – 블렌드 모드 N을 터치하여 불투명도를 16%로 설정해주세요.

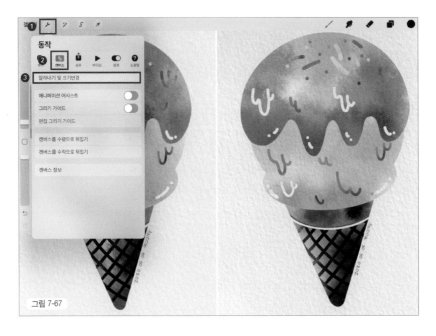

그림 7-67

66　동작 – 캔버스 – 잘라내기 및 크기변경을 터치해주세요.

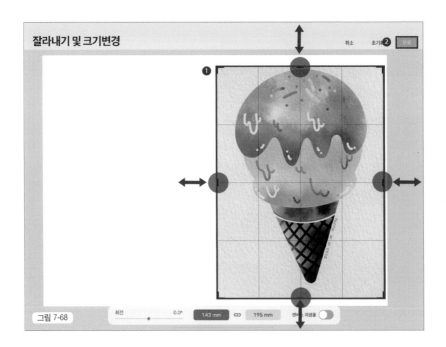

그림 7-68

67　손가락으로 캔버스의 외각선 상하좌우에 있는 바를 드래그하여 그림 크기에 맞춘 후
　　완료를 터치해주세요.

그림 7-69

68 동작 - 공유 - JPEG를 터치하여 이미지를 저장해주세요.

그림 7-70

69 동작 - 추가 - **사진 삽입하기**를 터치하여 저장한 이미지를 삽입해주세요.

그림 7-71

70 조정 - 곡선을 터치해주세요.

그림 7-72

71 그래프의 하단에 점을 하나, 상단에 점을 하나 찍어서 하단의 점은 아래로 내리고 상단의 점은 위로 올려주면 이미지의 보정이 완료됩니다.

그림 7-73

먼 곳에 위치한 건물, 전봇대, 전선의 스케치는 크기가 작아서 어려워 보이지만 크고 중요한 것부터 먼저 스케치를 한다면 아주 쉽게 그릴 수 있습니다. 천천히 따라해 보시고 어려운 부분은 영상을 참고하시거나 카페 게시판을 이용해 주세요.

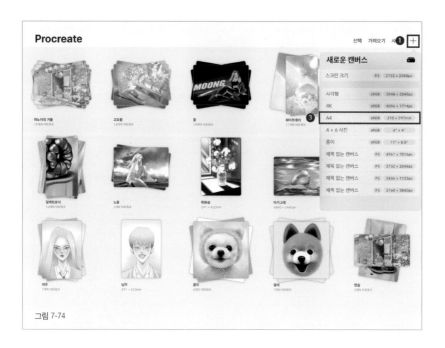

그림 7-74

01 우측 상단의 +를 터치한 뒤 A4 사이즈를 선택하여 새로운 캔버스를 제작해주세요.

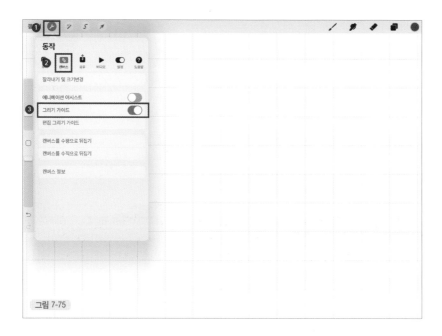

그림 7-75

02 동작 – 캔버스 – 그리기 가이드를 활성화시켜주세요.

그림 7-76

03 편집 그리기 가이드를 터치해주세요.

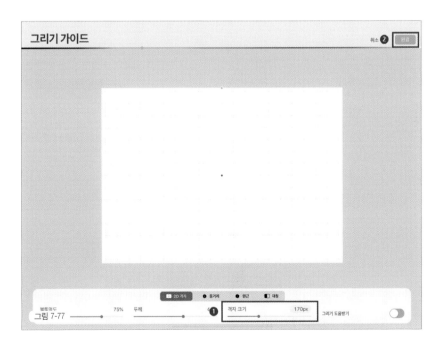

그림 7-77

04 격자 크기를 170px로 설정해주신 후 완료를 터치해주세요.

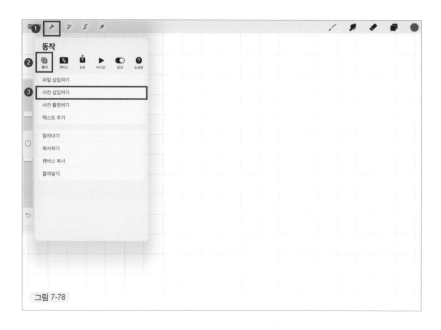

그림 7-78

05 **동작 – 추가 – 사진 삽입하기**에서 하늘.jpg를 삽입하고 왼쪽에 배치한 후 변형툴을 꺼주세요.

그림 7-79

06 레이어에서 우측 상단의 +를 터치하여 새로운 캔버스를 추가해주세요.

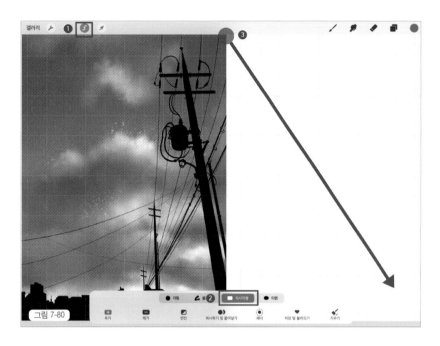

그림 7-80

07 선택툴에서 직사각형을 선택하고 격자가 시작되는 점에 예시 자료와 같은 크기로 드래그해주세요.

그림 7-81

08 색상은 자유롭게 선택하고 화면에 드래그해서 선택된 영역에 색상을 채워주세요.

이번 그림은 화려해서 다소 어려워 보일 수 있지만 스케치를 진행해야 할 부분은 아주 적습니다. 채색할 때 검정색을 사용해서 직선 그리기를 하기 때문에 오히려 스케치를 미리 완성해놓으면 시간이 아주 오래 걸려서 지루하게 느껴질 수 있습니다.

전봇대는 가로, 세로 위치와 기울기만 표현하고 건물은 높고 낮은 정도만 표현해주세요. 주의해야 할 점은 전봇대의 굵기가 위로 갈수록 얇아져야 합니다. 건물들은 예시 자료와 똑같지는 않아도 되지만 건물의 높이를 다양하게 하면 좀 더 배경이 풍성해 보인다는 것을 기억해주세요. 마찬가지로 이번 스케치도 가장 크고 중요한 것부터 먼저 진행하면 됩니다. 부가적인 요소인 전선은 미리 스케치하지 않고 나중에 추가해주도록 하겠습니다.

그림 7-82

09 레이어에서 우측 상단의 +를 터치하여 새로운 캔버스를 추가해주세요.

그림 7-83

10 레이어 – 클리핑 마스크를 터치해주세요.

그림 7-84

11 브러시 – 뭉 – 뭉 포도나무 목탄을 터치해주세요.

그림 7-85

12 가장 크고 중요한 것부터 위치, 크기, 기울기를 대략적으로 표시해주세요.

그림 7-86

13 레이어에서 스케치 레이어를 두 개의 손가락으로 터치해주세요.

그림 7-87

14 화면을 왼쪽으로 드래그하여 불투명도를 60%로 설정해주신 후 조정툴을 꺼주세요.

그림 7-88

15 레이어에서 우측 상단의 +를 터치하여 새로운 캔버스를 추가해주세요.

그림 7-89

16 레이어에서 클리핑 마스크를 터치해주세요.

그림 7-90

17 브러시 – 스케치 – 테크니컬 연필을 왼쪽으로 당겨서 복제해주세요.

그림 7-91

18 브러시 - 스케치 - 복제된 테크니컬 연필2를 터치해주시면 브러시 스튜디오가 실행됩니다.

그림 7-92

19 브러시 스튜디오 - 속성 - 최대 크기를 27%로 설정해주신 후 완료를 터치해주세요.

그림 7-93

20 직선 그리기 기능을 활용하여 디테일한 스케치를 해주세요. 마찬가지로 가장 크고 중
    요한 것부터 그려주세요.

스케치의 마무리 단계입니다. 작은 요소들까지도 열심히 해주셔야 작품의 완성도가 높아집
니다. 마지막까지 신경 써서 그려봅시다. 전선, 건물 그리기는 영상을 보시며 차근차근 따
라해봅시다.

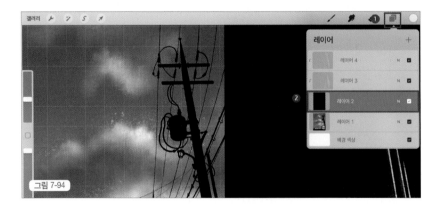

그림 7-94

21 레이어에서 배경이 채색된 레이어를 선택해주세요.

그림 7-95

22 예시 자료의 배경색 중 어두운 부분을 손가락으로 길게 터치하여 파란색 계열을 스포이드 해주세요. (16진값: 434fda)

그림 7-96

23 색상을 선택하고 화면에 드래그해주시면 배경 레이어에 색상이 채워집니다.

그림 7-97

24 두 번째 스케치 레이어 위에서 두 개의 손가락을 터치한 채로 화면을 드래그하여 불투
    명도를 흐릿하게 조절해줍니다.

그림 7-98

25 레이어에서 우측 상단의 +를 터치하여 새로운 캔버스를 추가해주세요.

그림 7-99

26 레이어에서 클리핑 마스크를 터치해주세요.

그림 7-100

27 색상 - 클래식 - 검은색을 선택해주세요. (16진값: 000000)

그림 7-101

28 브러시 – 뭉 – 뭉 모노라인을 터치해주세요.

그림 7-102

29 직선 그리기를 활용하여 더욱 정확한 스케치 라인을 잡아주신 후 꼼꼼히 채색을 해주
세요.

그림 7-103

30 레이어에서 흰색으로 스케치한 레이어 두 개의 체크박스를 해제하여 숨기기를 해주세요.

배경의 자연스러운 그라데이션을 익혀봅니다. 브러시의 필압이 아주 중요하니 영상을 자세히 보면서 차근차근 진행해보겠습니다.

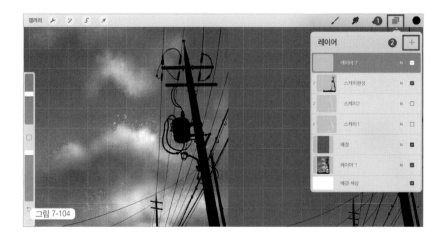

그림 7-104

31 레이어에서 우측 상단의 +를 터치하여 새로운 캔버스를 추가해주세요.

그림 7-105

32 레이어에서 추가한 레이어를 길게 터치하여 전봇대 레이어 아래로 드래그하여 이동해
주세요.

그림 7-106

33 브러시 - 뭉 - 뭉 노이즈 브러시를 선택해주세요.

그림 7-107

34   예시 자료에서 연보라색 계열을 길게 터치하여 스포이드 해주세요. (16진값: 8f7328)

그림 7-108

35   브러시 크기를 크게 하여 아래쪽이 밝고 위쪽으로 어두워질 수 있도록 자연스럽게 그
라데이션 해주세요.

구름의 자연스러운 표현을 익힙니다. 브러시의 필압은 힘을 뺀 채로 진행해 주시는 게 포인트입니다.

그림 7-109

36 레이어에서 우측 상단의 +를 터치하여 새로운 캔버스를 추가해주세요.

그림 7-110

37 색상은 구름의 어두운 부분을 길게 터치하여 스포이드 해주세요. (16진값: ae69ae)

그림 7-111

38 브러시 크기는 면적에 따라 작은 부분은 작게, 넓은 부분은 크게 조정해서 채색해주세요. 힘을 뺀 상태로 톡톡 두드리듯 구름의 스케치와 채색을 동시에 작업해주세요.

그림 7-112

39 가장 어두운 파란색 계열을 길게 터치하여 스포이드로 추출하고 구름의 어두운 부분을 힘을 뺀 채로 톡톡 두드리듯 채색해주세요.

그림 7-113

40 어두운 계열의 구름과 자연스럽게 연결될 수 있도록 밝은 핑크로 자연스럽게 채색해
주세요. 계속해서 자연스럽게 연결될 수 있도록 어두운 부분, 밝은 부분을 반복하면서
채색해주세요.

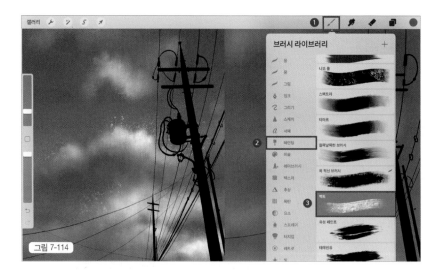

그림 7-114

41 브러시 - 페인팅 - 벽토를 선택해주세요 색상은 밝은 핑크 계열과 어두운 파란색 계열
을 스포이드하여 톡톡 두드리듯 채색해주세요.

빛을 표현할 수 있는 블렌드 모드를 사용하고, 다양한 페인팅 브러시의 사용법을 익힙니다. 브러시의 필압이 아주 중요하니 영상을 자세히 보면서 차근차근 진행해보겠습니다.

그림 7-115

42 레이어에서 우측 상단의 +를 터치하여 새로운 캔버스를 추가해주세요.

그림 7-116

43 레이어 – 블렌드 모드 N – 추가를 터치해주세요.

그림 7-117

44 색상에서 황토색 계열을 선택해주세요.(16진값: d28801)

그림 7-118

45 필압을 최대한 힘을 뺀 채로 톡톡 두드리듯 밝은 부분을 채색해주세요.

그림 7-119

46   레이어에서 우측 상단의 +를 터치하여 새로운 캔버스를 추가해주세요.

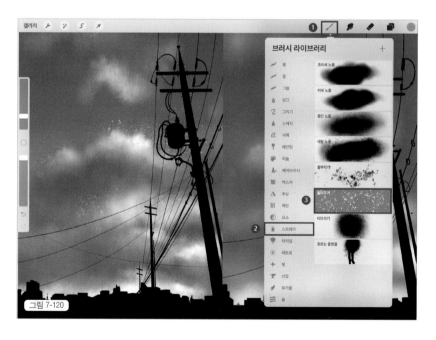

그림 7-120

47   브러시 – 스프레이 – 털어주기를 터치해주세요.

그림 7-121

48 밝은 색상을 길게 터치하여 스포이드 해주세요. (16진값: fffad7)

그림 7-122

49 브러시 크기를 11%로 설정하여 톡톡 두드리듯 채색해주세요.

그림 7-123

50 지우개 - 에어브러시 - 소프트 에어브러시를 선택해주세요.

그림 7-124

51 힘을 뺀 채로 어색한 부분을 지워주시면 불투명하게 표현됩니다.

이제 마무리 단계이네요. 명도, 채도를 보정하여 그림의 완성도를 높여보세요. 드디어 완성입니다!

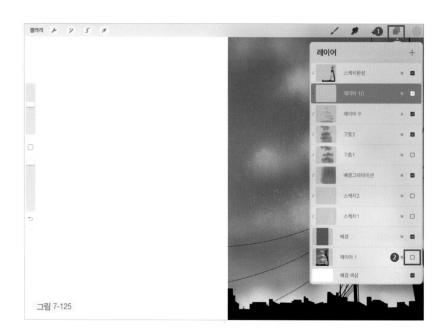

그림 7-125

52 레이어에서 예시 자료의 체크박스를 해제하여 숨기기를 해주세요.

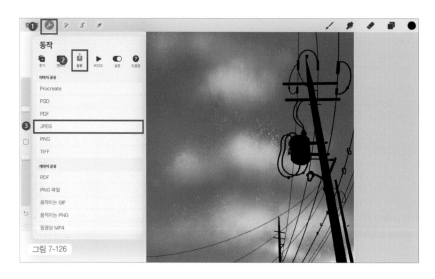

그림 7-126

53 동작 - 공유 - JPEG를 터치하여 이미지를 저장해주세요.

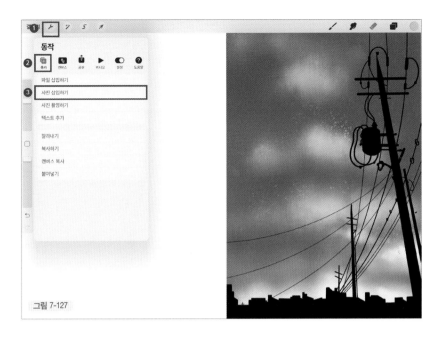

그림 7-127

54 **동작 - 추가 - 사진 삽입하기**를 터치하여 저장한 이미지를 삽입해주세요.

그림 7-128

55 **조정 - 곡선**을 터치해주세요.

그림 7-129

56 그래프의 하단에 점을 하나, 상단에 점을 하나 찍어서 하단의 점은 아래로 내리고 상
단의 점은 위로 올려주면 이미지의 보정이 완료됩니다.

그림 7-130

57 **조정 – 노이즈 효과**를 선택하고 화면을 슬라이드하여 20%로 설정한 후 조정툴을 꺼주
세요.

찾아보기

뭉작가의 아이패드로 누구나 쉽게 시작하는 드로잉

프로크리에이트로 나만의 따뜻한 감성 일러스트 그리기

초판 1쇄 발행 ┃ 2020년 8월 31일

지은이 ┃ 이은지
펴낸이 ┃ 김범준
기획 ┃ 오민영
책임편집 ┃ 이동원
교정교열 ┃ 윤구영
편집디자인 ┃ 한지혜
표지디자인 ┃ 이승미

발행처 ┃ 비제이퍼블릭
출판신고 ┃ 2009년 05월 01일 제300-2009-38호
주소 ┃ 서울시 중구 청계천로 100 시그니쳐타워 서관 10층 1011호
주문/문의 ┃ 02-739-0739   **팩스** ┃ 02-6442-0739
홈페이지 ┃ http://bjpublic.co.kr   **이메일** ┃ bjpublic@bjpublic.co.kr

가격 ┃ 26,800원
ISBN ┃ 979-11-6592-015-9
한국어판 ⓒ 2020 비제이퍼블릭